MW00930339

www.pinhok.com

Introduction

This Book

This vocabulary book contains more than 3000 words and phrases and is organized by topic to make it easier for you to pick what to learn first. On top of that, the second half of the book contains two index sections that can be used as basic dictionaries to look up words in either of the two languages. This book is well suited for learners of all levels who are looking for an extensive resource to improve their vocabulary or are interested in learning vocabularies in one particular area of interest.

How to use this book

Not sure where to start? We suggest you first work your way through the verbs, adjectives and phrases chapters in part one of the book. This will give you a great base for further studying and already enough vocabulary for basic communication. The dictionaries in part two and three can be used whenever needed to look up words you hear on the street, English words you want to know the translation for or simply to learn some new words.

Some final thoughts

Vocabulary books have been around for centuries and as with so many things that have been around for some time, they are not very fashionable and a bit boring, but they usually work very well. Together with the basic dictionary parts, this vocabulary book is a great resource to support you throughout the process of learning and comes in particularly handy at times when there is no internet to look up words and phrases.

Pinhok Languages

Pinhok Languages strives to create language learning products that support learners around the world in their mission of learning a new language. In doing so, we combine best practice from various fields and industries to come up with innovative products and material.

The Pinhok Team hopes this book can help you with your learning process and gets you to your goal faster. Should you be interested in finding out more about us, please go to our website www.pinhok.com. For feedback, error reports, criticism or simply a quick "hi", please also go to our website and use the contact form.

Disclaimer of Liability

Table of Contents

Topics

Index

Animals

Mammals

dog	(le) chien
cat	(le) chat
rabbit	(le) lapin
cow	(la) vache
sheep	(le) mouton
pig	(le) cochon
horse	(le) cheval
monkey	(le) singe
bear	(le) ours (l'ours)
lion	(le) lion
tiger	(le) tigre
panda	(le) panda
giraffe	(la) girafe
camel	(le) chameau
elephant	(le) éléphant (l'éléphant)
wolf	(le) loup
rat	(le) rat
mouse (animal)	(la) souris
zebra	(le) zèbre
hippo	(le) hippopotame (l'hippopotame)
polar bear	(le) ours polaire (l'ours polaire)
rhino	(le) rhinocéros
kangaroo	(le) kangourou
leopard	(le) léopard
cheetah	(le) guépard
donkey	(le) âne (l'âne)
ant-eater	(le) fourmilier
buffalo	(le) buffle

deer	(le) cerf
squirrel	(le) écureuil (l'écureuil)
elk	(le) élan (l'élan)
piglet	(le) porcelet
bat	(la) chauve-souris
fox	(le) renard
hamster	(le) hamster
guinea pig	(le) cochon d'Inde
koala	(le) koala
lemur	(le) lémur
meerkat	(le) suricate
raccoon	(le) raton laveur
tapir	(le) tapir
bison	(le) bison
goat	(la) chèvre
llama	(le) lama
red panda	(le) panda roux
bull	(le) taureau
hedgehog	(le) hérisson
otter	(la) loutre

Birds

pigeon	(le) pigeon
duck	(le) canard
seagull	(la) mouette
chicken (animal)	(la) poule
cockerel	(le) coq
goose	(la) oie (l'oie)
owl	(le) hibou
swan	(le) cygne
penguin	(le) manchot

crow	(le) corbeau
turkey	(la) dinde
ostrich	(la) autruche (l'autruche)
stork	(la) cigogne
chick	(le) poussin
eagle	(le) aigle (l'aigle)
raven	(le) corbeau
peacock	(le) paon
pelican	(le) pélican
parrot	(le) perroquet
magpie	(la) pie
flamingo	(le) flamant rose
falcon	(le) faucon

Insects

fly	(la) mouche
butterfly	(le) papillon
bug	(le) coléoptère
bee	(la) abeille (l'abeille)
mosquito	(le) moustique
ant	(la) fourmi
dragonfly	(la) libellule
grasshopper	(la) sauterelle
caterpillar	(la) chenille
wasp	(la) guêpe
moth	(le) papillon de nuit
bumblebee	(le) bourdon
termite	(le) termite
cricket	(le) cricket
ladybird	(la) coccinelle
praying mantis	(la) mante religieuse

Marine Animals

fish (animal)	(le) poisson
whale	(la) baleine
shark	(le) requin
dolphin	(le) dauphin
seal	(le) phoque
jellyfish	(la) méduse
squid	(le) calamar
octopus	(la) pieuvre
turtle	(la) tortue marine
sea horse	(le) hippocampe (l'hippocampe)
sea lion	(le) lion de mer
walrus	(le) morse
shell	(le) coquillage
starfish	(la) étoile de mer (l'étoile de mer)
killer whale	(la) orque (l'orque)
crab	(le) crabe
lobster	(le) homard

Reptiles & More

snail	(le) escargot (l'escargot)
spider	(la) araignée (l'araignée)
frog	(la) grenouille
snake	(le) serpent
crocodile	(le) crocodile
tortoise	(la) tortue
scorpion	(le) scorpion
lizard	(le) lézard
chameleon	(le) caméléon
tarantula	(la) tarentule
gecko	(le) gecko

dinosaur   (le) dinosaure

Sport

Summer

tennis	(le) tennis
badminton	(le) badminton
boxing	(la) boxe
golf	(le) golf
running	(la) course à pied
cycling	(le) cyclisme
gymnastics	(la) gymnastique
table tennis	(le) tennis de table
weightlifting	(la) haltérophilie (l'haltérophilie)
long jump	(le) saut en longueur
triple jump	(le) triple saut
modern pentathlon	(le) pentathlon moderne
rhythmic gymnastics	(la) gymnastique rythmique
hurdles	(la) course de haies
marathon	(le) marathon
pole vault	(le) saut à la perche
high jump	(le) saut en hauteur
shot put	(le) lancer de poids
javelin throw	(le) lancer de javelot
discus throw	(le) lancer de disque
karate	(le) karaté
triathlon	(le) triathlon
taekwondo	(le) taekwondo
sprint	(le) sprint
show jumping	(le) saut d'obstacles
shooting	(le) tir
wrestling	(la) lutte
mountain biking	(le) vélo tout-terrain

judo	(le) judo
hammer throw	(le) lancer de marteau
fencing	(la) escrime (l'escrime)
archery	(le) tir à l'arc
track cycling	(le) cyclisme sur piste

Winter

skiing	(le) ski
snowboarding	(le) snowboard
ice skating	(le) patinage sur glace
ice hockey	(le) hockey sur glace
figure skating	(le) patinage artistique
curling	(le) curling
Nordic combined	(le) combiné nordique
biathlon	(le) biathlon
luge	(la) luge
bobsleigh	(le) bobsleigh
short track	(le) patinage de vitesse sur piste courte
skeleton	(le) skeleton
ski jumping	(le) saut à ski
cross-country skiing	(le) ski de fond
ice climbing	(la) escalade glaciaire (l'escalade glaciaire)
freestyle skiing	(le) ski acrobatique
speed skating	(le) patinage de vitesse

Team

football	(le) football
basketball	(le) basketball
volleyball	(le) volleyball
cricket	(le) cricket
baseball	(le) baseball

rugby	(le) rugby
handball	(le) handball
polo	(le) polo
lacrosse	(la) crosse
field hockey	(le) hockey sur gazon
beach volleyball	(le) beach-volley
Australian football	(le) football australien
American football	(le) football américain

Water

swimming	(la) natation
water polo	(le) water-polo
diving (into the water)	(le) plongeon
surfing	(le) surf
rowing	(le) aviron (l'aviron)
synchronized swimming	(la) natation synchronisée
diving (under the water)	(la) plongée
windsurfing	(la) planche à voile
sailing	(la) voile
waterskiing	(le) ski nautique
rafting	(le) rafting
cliff diving	(le) plongeon de falaise
canoeing	(le) canoë-kayak

Motor

car racing	(la) course automobile
rally racing	(le) rallye
motorcycle racing	(le) motocyclisme
motocross	(le) motocross
Formula 1	(la) Formule 1
kart	(le) kart

jet ski	(le) jet ski

Other

hiking	(la) randonnée
mountaineering	(le) alpinisme (l'alpinisme)
snooker	(le) snooker
parachuting	(le) parachutisme
poker	(le) poker
dancing	(la) danse
bowling	(le) bowling
skateboarding	(le) skateboard
chess	(les) échecs
bodybuilding	(le) culturisme
yoga	(le) yoga
ballet	(le) ballet
bungee jumping	(le) saut à l'élastique
climbing	(la) escalade (l'escalade)
roller skating	(le) patinage à roulettes
breakdance	(le) breakdance
billiards	(le) billard

Gym

warm-up	(le) échauffement (l'échauffement)
stretching	(le) étirement (l'étirement)
sit-ups	faire des abdominaux
push-up	(la) pompe
squat	(la) flexion de jambes
treadmill	(le) tapis de course
bench press	(le) développé-couché
exercise bike	(le) vélo ergomètre
cross trainer	(le) vélo elliptique

circuit training	(le) entrainement en circuit (l'entrainement en circuit)
Pilates	(le) pilates
leg press	(la) presse à cuisses
aerobics	(la) aérobic (l'aérobic)
dumbbell	(le) haltère (l'haltère)
barbell	(la) barre à disques
sauna	(le) sauna

Geography

Europe

United Kingdom	(le) Royaume-Uni
Spain	(la) Espagne (l'Espagne)
Italy	(la) Italie (l'Italie)
France	(la) France
Germany	(la) Allemagne (l'Allemagne)
Switzerland	(la) Suisse
Albania	(la) Albanie (l'Albanie)
Andorra	(la) Andorre (l'Andorre)
Austria	(la) Autriche (l'Autriche)
Belgium	(la) Belgique
Bosnia	(la) Bosnie
Bulgaria	(la) Bulgarie
Denmark	(le) Danemark
Estonia	(la) Estonie (l'Estonie)
Faroe Islands	(les) Îles Féroé
Finland	(la) Finlande
Gibraltar	(le) Gibraltar
Greece	(la) Grèce
Ireland	(la) Irlande (l'Irlande)
Iceland	(la) Islande (l'Islande)
Kosovo	(le) Kosovo
Croatia	(la) Croatie
Latvia	(la) Lettonie
Liechtenstein	(le) Liechtenstein
Lithuania	(la) Lituanie
Luxembourg	(le) Luxembourg
Malta	(la) Malte
Macedonia	(la) Macédoine

Moldova	(la) Moldavie
Monaco	(le) Monaco
Montenegro	(le) Monténégro
Netherlands	(le) Pays-Bas
Norway	(la) Norvège
Poland	(la) Pologne
Portugal	(le) Portugal
Romania	(la) Roumanie
San Marino	(le) Saint-Marin
Sweden	(la) Suède
Serbia	(la) Serbie
Slovakia	(la) Slovaquie
Slovenia	(la) Slovénie
Czech Republic	(la) République Tchèque
Turkey	(la) Turquie
Ukraine	(la) Ukraine (l'Ukraine)
Hungary	(la) Hongrie
Vatican City	(la) Cité du Vatican
Belarus	(la) Biélorussie
Cyprus	(la) Chypre

Asia

China	(la) Chine
Russia	(la) Russie
India	(la) Inde (l'Inde)
Singapore	(le) Singapour
Japan	(le) Japon
South Korea	(la) Corée du Sud
Afghanistan	(la) Afghanistan (l'Afghanistan)
Armenia	(la) Arménie (l'Armanie)
Azerbaijan	(le) Azerbaïdjan (l'Azerbaïdjan)

Bahrain	(le) Bahreïn
Bangladesh	(le) Bangladesh
Bhutan	(le) Bhoutan
Brunei	(la) Brunei
Georgia	(la) Géorgie
Hong Kong	(le) Hong-Kong
Indonesia	(la) Indonésie (l'Indonésie)
Iraq	(le) Irak (l'Irak)
Iran	(le) Iran (l'Iran)
Israel	(le) Israël (l'Israël)
Yemen	(le) Yémen
Jordan	(la) Jordanie
Cambodia	(le) Cambodge
Kazakhstan	(le) Kazakhstan
Qatar	(le) Qatar
Kyrgyzstan	(le) Kirghizistan
Kuwait	(le) Koweït
Laos	(le) Laos
Lebanon	(le) Liban
Macao	(le) Macao
Malaysia	(la) Malaisie
Maldives	(les) Maldives
Mongolia	(la) Mongolie
Burma	(la) Birmanie
Nepal	(le) Népal
North Korea	(la) Corée du Nord
Oman	(le) Oman (l'Oman)
East Timor	(le) Timor oriental
Pakistan	(le) Pakistan
Palestine	(la) Palestine
Philippines	(les) Philippines

Saudi Arabia	(la) **Arabie Saoudite** (l'Arabie Saoudite)
Sri Lanka	(le) **Sri Lanka**
Syria	(la) **Syrie**
Tajikistan	(le) **Tadjikistan**
Taiwan	(le) **Taïwan**
Thailand	(la) **Thaïlande**
Turkmenistan	(le) **Turkménistan**
Uzbekistan	(la) **Ouzbékistan** (l'Ouzbékistan)
United Arab Emirates	(les) **Émirats Arabes Unis**
Vietnam	(le) **Viêt-Nam**

America

The United States of America	(les) **États-Unis d'Amérique**
Mexico	(le) **Mexique**
Canada	(le) **Canada**
Brazil	(le) **Brésil**
Argentina	(la) **Argentine** (l'Argentine)
Chile	(le) **Chili**
Antigua and Barbuda	(la) **Antigua-et-Barbuda** (l'Antigua-et-Barbuda)
Aruba	(la) **Aruba** (l'Aruba)
The Bahamas	(les) **Bahamas**
Barbados	(la) **Barbade**
Belize	(le) **Belize**
Bolivia	(la) **Bolivie**
Cayman Islands	(les) **Îles Caïmans**
Costa Rica	(la) **Costa Rica**
Dominica	(le) **Dominique**
Dominican Republic	(la) **République Dominicaine**
Ecuador	(le) **Équateur** (l'Équateur)
El Salvador	(le) **Salvador**
Falkland Islands	(les) **Îles Malouines**

Grenada	(la) Grenade
Greenland	(le) Groenland
Guatemala	(le) Guatemala
Guyana	(la) Guyane
Haiti	(le) Haïti
Honduras	(la) Honduras
Jamaica	(la) Jamaïque
Colombia	(la) Colombie
Cuba	(le) Cuba
Montserrat	(le) Montserrat
Nicaragua	(la) Nicaragua
Panama	(le) Panama
Paraguay	(le) Paraguay
Peru	(le) Pérou
Puerto Rico	(le) Porto Rico
Saint Kitts and Nevis	(le) Saint-Christophe-et-Niévès
Saint Lucia	(la) Sainte-Lucie
Saint Vincent and the Grenadines	(le) Saint-Vincent-et-les-Grenadines
Suriname	(le) Suriname
Trinidad and Tobago	(la) Trinité-et-Tobago
Uruguay	(le) Uruguay (l'Uruguay)
Venezuela	(le) Venezuela

Africa

South Africa	(la) Afrique du Sud (l'Afrique du Sud)
Nigeria	(le) Nigeria
Morocco	(le) Maroc
Libya	(la) Libye
Kenya	(le) Kenya
Algeria	(la) Algérie (l'Algérie)
Egypt	(la) Égypte (l'Égypte)

Ethiopia	(la) Éthiopie (l'Éthiopie)
Angola	(le) Angola (l'Angola)
Benin	(le) Bénin
Botswana	(le) Botswana
Burkina Faso	(le) Burkina-Faso
Burundi	(le) Burundi
Democratic Republic of the Congo	(la) République démocratique du Congo
Djibouti	(le) Djibouti
Equatorial Guinea	(la) Guinée Équatoriale
Ivory Coast	(la) Côte d'Ivoire
Eritrea	(la) Érythrée (l'Érythrée)
Gabon	(le) Gabon
The Gambia	(la) Gambie
Ghana	(le) Ghana
Guinea	(la) Guinée
Guinea-Bissau	(la) Guinée-Bissau
Cameroon	(le) Cameroun
Cape Verde	(le) Cap-Vert
Comoros	(les) Comores
Lesotho	(le) Lesotho
Liberia	(le) Libéria
Madagascar	(la) Madagascar
Malawi	(la) Malawi
Mali	(le) Mali
Mauritania	(la) Mauritanie
Mauritius	(la) Maurice
Mozambique	(la) Mozambique
Namibia	(la) Namibie
Niger	(le) Niger
Republic of the Congo	(la) République du Congo
Rwanda	(le) Rwanda

Zambia	(la) Zambie
São Tomé and Príncipe	(la) São Tomé-et-Príncipe
Senegal	(le) Sénégal
Seychelles	(les) Seychelles
Sierra Leone	(la) Sierra Leone
Zimbabwe	(la) Zimbabwe
Somalia	(la) Somalie
Sudan	(le) Soudan
South Sudan	(le) Soudan du Sud
Swaziland	(le) Swaziland
Tanzania	(la) Tanzanie
Togo	(le) Togo
Chad	(le) Tchad
Tunisia	(la) Tunisie
Uganda	(la) Ouganda (l'Ouganda)
Central African Republic	(la) République Centrafricaine

Oceania

Australia	(la) Australie (l'Australie)
New Zealand	(la) Nouvelle-Zélande
Fiji	(les) Îles Fidji
American Samoa	(les) Samoa américaines
Cook Islands	(les) Îles Cook
French Polynesia	(la) Polynésie française
Kiribati	(le) Kiribati
Marshall Islands	(les) Îles Marshall
Micronesia	(la) Micronésie
Nauru	(le) Nauru
New Caledonia	(la) Nouvelle-Calédonie
Niue	(la) Niue
Palau	(le) Palaos

Papua New Guinea	(la) Papouasie-Nouvelle-Guinée
Solomon Islands	(les) Îles Salomon
Samoa	(le) Samoa
Tonga	(le) Tonga
Tuvalu	(les) Tuvalu
Vanuatu	(le) Vanuatu

Numbers

0-20

0	zéro
1	un
2	deux
3	trois
4	quatre
5	cinq
6	six
7	sept
8	huit
9	neuf
10	dix
11	onze
12	douze
13	treize
14	quatorze
15	quinze
16	seize
17	dix-sept
18	dix-huit
19	dix-neuf
20	vingt

21-100

21	vingt et un
22	vingt-deux
26	vingt-six
30	trente
31	trente et un
33	trente-trois

37	trente-sept
40	quarante
41	quarante et un
44	quarante-quatre
48	quarante-huit
50	cinquante
51	cinquante et un
55	cinquante-cinq
59	cinquante-neuf
60	soixante
61	soixante et un
62	soixante-deux
66	soixante-six
70	soixante-dix
71	soixante et onze
73	soixante-treize
77	soixante-dix-sept
80	quatre-vingts
81	quatre-vingt-un
84	quatre-vingt-quatre
88	quatre-vingt-huit
90	quatre-vingt-dix
91	quatre-vingt-onze
95	quatre-vingt-quinze
99	quatre-vingt-dix-neuf
100	cent

101-1000

101	cent un
105	cent cinq
110	cent dix
151	cent cinquante et un

200	deux cents
202	deux cent deux
206	deux cent six
220	deux cent vingt
262	deux cent soixante-deux
300	trois cents
303	trois cent trois
307	trois cent sept
330	trois cent trente
373	trois cent soixante-treize
400	quatre cents
404	quatre cent quatre
408	quatre cent huit
440	quatre cent quarante
484	quatre cent quatre-vingt-quatre
500	cinq cents
505	cinq cent cinq
509	cinq cent neuf
550	cinq cent cinquante
595	cinq cent quatre-vingt-quinze
600	six cents
601	six cent un
606	six cent six
616	six cent seize
660	six cent soixante
700	sept cents
702	sept cent deux
707	sept cent sept
727	sept cent vingt-sept
770	sept cent soixante-dix
800	huit cents
803	huit cent trois
808	huit cent huit

838	huit cent trente-huit
880	huit cent quatre-vingt
900	neuf cents
904	neuf cent quatre
909	neuf cent neuf
949	neuf cent quarante-neuf
990	neuf cent quatre-vingt-dix
1000	mille

1001-10000

1001	mille un
1012	mille douze
1234	mille deux cent trente-quatre
2000	deux mille
2002	deux mille deux
2023	deux mille vingt-trois
2345	deux mille trois cent quarante-cinq
3000	trois mille
3003	trois mille trois
3034	trois mille trente-quatre
3456	trois mille quatre cent cinquante-six
4000	quatre mille
4004	quatre mille quatre
4045	quatre mille quarante-cinq
4567	quatre mille cinq cent soixante-sept
5000	cinq mille
5005	cinq mille cinq
5056	cinq mille cinquante-six
5678	cinq mille six cent soixante-dix-huit
6000	six mille
6006	six mille six
6067	six mille soixante-sept

6789	six mille sept cent quatre-vingt-neuf
7000	sept mille
7007	sept mille sept
7078	sept mille soixante-dix-huit
7890	sept mille huit cent quatre-vingt-dix
8000	huit mille
8008	huit mille huit
8089	huit mille quatre-vingt-neuf
8901	huit mille neuf cent un
9000	neuf mille
9009	neuf mille neuf
9012	neuf mille douze
9090	neuf mille quatre-vingt-dix
10.000	dix mille

> 10000

10.001	dix mille un
20.020	vingt mille vingt
30.300	trente mille trois cents
44.000	quarante-quatre mille
100.000	cent mille
500.000	cinq cent mille
1.000.000	un million
6.000.000	six millions
10.000.000	dix millions
70.000.000	soixante-dix millions
100.000.000	cent millions
800.000.000	huit cent millions
1.000.000.000	un milliard
9.000.000.000	neuf milliards
10.000.000.000	dix milliards
20.000.000.000	vingt milliards

100.000.000.000	cent milliards
300.000.000.000	trois cent milliards
1.000.000.000.000	mille milliards

Body

Head

nose	(le) nez
eye	(le) œil (l'œil)
ear	(la) oreille (l'oreille)
mouth	(la) bouche
tooth	(la) dent
lip	(la) lèvre
hair	(le) cheveu
beard	(la) barbe
forehead	(le) front
eyebrow	(le) sourcil
eyelashes	(les) cils
pupil	(la) pupille
cheek	(la) joue
chin	(le) menton
dimple	(la) fossette
wrinkle	(la) ride
freckles	(les) taches de rousseur
tongue	(la) langue
nostril	(la) narine
temple	(la) tempe

Body Parts

head	(la) tête
arm	(le) bras
hand	(la) main
leg	(la) cuisse
knee	(le) genou

31

foot	(le) pied
belly	(le) ventre
belly button	(le) nombril
bosom	(le) sein
chest	(la) poitrine
elbow	(le) coude
nipple	(le) mamelon
shoulder	(la) épaule (l'épaule)
neck	(le) cou
bottom	(les) fesses
nape	(la) nuque
back (part of body)	(le) dos
waist	(la) taille

Hand & Foot

finger	(le) doigt
thumb	(le) pouce
fingernail	(le) ongle (l'ongle)
toe	(le) orteil (l'orteil)
heel	(le) talon
palm	(la) paume
wrist	(le) poignet
fist	(le) poing
Achilles tendon	(le) tendon d'Achille
index finger	(le) index (l'index)
middle finger	(le) médius
ring finger	(le) annulaire (l'annulaire)
little finger	(le) petit doigt

Bones & More

bone (part of body)	(le) os (l'os)

muscle	(le) muscle
tendon	(le) tendon
vertebra	(la) vertèbre
pelvis	(le) bassin
breastbone	(le) sternum
rib	(la) côte
collarbone	(la) clavicule
skeleton	(le) squelette
skull	(le) crâne
shoulder blade	(la) omoplate (l'omoplate)
kneecap	(la) rotule
cartilage	(le) cartilage
jawbone	(la) mâchoire
nasal bone	(le) os nasal (l'os nasal)
spine	(la) colonne vertébrale
ankle	(la) cheville
bone marrow	(la) moelle osseuse

Organs

heart	(le) cœur
lung	(le) poumon
liver	(le) foie
kidney	(le) rein
vein	(la) veine
artery	(la) artère (l'artère)
stomach	(le) estomac (l'estomac)
intestine	(le) intestin (l'intestin)
bladder	(la) vessie
brain	(le) cerveau
anus	(le) anus (l'anus)
appendix	(le) appendice (l'appendice)

spleen	(la) rate
oesophagus	(le) œsophage (l'œsophage)
nerve	(le) nerf
spinal cord	(la) moelle épinière
pancreas	(le) pancréas
gall bladder	(la) vésicule biliaire
colon	(le) côlon
small intestine	(le) intestin grêle (l'intestin grêle)
windpipe	(la) trachée
diaphragm	(le) diaphragme
duodenum	(le) duodénum

Reproduction

testicle	(la) testicule
penis	(le) pénis
prostate	(la) prostate
ovary	(la) ovaire (l'ovaire)
oviduct	(le) oviducte (l'oviducte)
uterus	(le) utérus (l'utérus)
ovum	(la) ovule (l'ovule)
sperm	(le) sperme
scrotum	(le) scrotum
clitoris	(le) clitoris
vagina	(le) vagin

Adjective

Colours

white	**blanc** (blanche, blancs, blanches)
black	**noir** (noire, noirs, noires)
grey	**gris** (grise, gris, grises)
green	**vert** (verte, verts, vertes)
blue	**bleu** (bleue, bleus, bleues)
red	**rouge** (rouge, rouges, rouges)
pink	**rose** (rose, roses, roses)
orange (colour)	**orange** (orange)
purple	**pourpre** (pourpre, pourpres, pourpres)
yellow	**jaune** (jaune, jaunes, jaunes)
brown	**brun** (brune, bruns, brunes)
beige	**beige** (beige, beiges, beiges)

Basics

heavy	**lourd** (lourde, lourds, lourdes)
light (weight)	**léger** (légère, légers, légères)
correct	**correct** (correcte, corrects, correctes)
difficult	**difficile** (difficile, difficiles, difficiles)
easy	**facile** (facile, faciles, faciles)
wrong	**faux** (fausse, faux, fausses)
many	**beaucoup**
few	**peu**
new	**nouveau** (nouvelle, nouveaux, nouvelles)
old (not new)	**vieux** (vieille, vieux, vieilles)
slow	**lent** (lente, lents, lentes)
quick	**rapide** (rapide, rapides, rapides)
poor	**pauvre** (pauvre, pauvres, pauvres)

rich	**riche** (riche, riches, riches)
funny	**drôle** (drôle, drôles, drôles)
boring	**ennuyeux** (ennuyeuse, ennuyeux, ennuyeuses)
fair	**juste** (juste, justes, justes)
unfair	**injuste** (injuste, injustes, injustes)

Feelings

good	**bon** (bonne, bons, bonnes)
bad	**mauvais** (mauvaise, mauvais, mauvaises)
weak	**faible** (faible, faibles, faibles)
happy	**heureux** (heureuse, heureux, heureuses)
sad	**triste** (triste, tristes, tristes)
strong	**fort** (forte, forts, fortes)
angry	**furieux** (furieuse, furieux, furieuses)
healthy	**sain** (saine, sains, saines)
sick	**malade** (malade, malades, malades)
hungry	**affamé** (affamée, affamés, affamées)
thirsty	**assoiffé** (assoiffée, assoiffés, assoiffées)
full (from eating)	**rassasié** (rassasiée, rassasiés, rassasiées)
proud	**fier** (fière, fiers, fières)
lonely	**solitaire** (solitaire, solitaires, solitaires)
tired	**fatigué** (fatiguée, fatigués, fatiguées)
safe (adjective)	**sûr** (sûre, sûrs, sûres)

Space

short (length)	**court** (courte, courts, courtes)
long	**long** (longue, longs, longues)
round	**rond** (ronde, ronds, rondes)
small	**petit** (petite, petits, petites)
big	**grand** (grande, grands, grandes)

square (adjective)	angulaire (angulaire, angulaires, angulaires)
twisting	sinueux (sinueuse, sinueux, sinueuses)
straight (line)	droit (droite, droits, droites)
high	haut (haute, hauts, hautes)
low	bas (basse, bas, basses)
steep	raide (raide, raides, raides)
flat	plat (plate, plats, plates)
shallow	peu profond (peu profonde, peu profonds, peu profondes)
deep	profond (profonde, profonds, profondes)
broad	large (large, larges, larges)
narrow	étroit (étroite, étroits, étroites)
huge	énorme (énorme, énormes, énormes)

Place

right	droite (droite, droits, droites)
left	gauche (gauche, gauches, gauches)
above	au-dessus
back (position)	arrière (arrière, arrières, arrières)
front	avant (avante, avants, avantes)
below	dessous
here	ici
there	là
close	près
far	loin
inside	à l'intérieur
outside	à l'extérieur
beside	à côté de
north	Nord
east	Est
south	Sud
west	Ouest

Things

cheap	**pas cher** (chère, chers, chères)
expensive	**cher** (chère, chers, chères)
full (not empty)	**plein** (pleine, pleins, pleines)
hard	**dur** (dure, durs, dures)
soft	**doux** (douce, doux, douces)
empty	**vide** (vide, vides, vides)
light (colour)	**lumineux** (lumineuse, lumineux, lumineuses)
dark	**sombre** (sombre, sombres, sombres)
clean	**propre** (propre, propres, propres)
dirty	**sale** (sale, sales, sales)
boiled	**bouilli** (bouillie, bouillis, bouillies)
raw	**brut** (brute, bruts, brutes)
strange	**étrange** (étrange, étranges, étranges)
sour	**aigre** (aigre, aigres, aigres)
sweet	**sucré** (sucrée, sucrés, sucrées)
salty	**salé** (salée, salés, salées)
hot (spicy)	**épicé** (épicée, épicés, épicées)
juicy	**juteux** (juteuse, juteux, juteuses)

People

short (height)	**petit** (petite, petits, petites)
tall	**grand** (grande, grands, grandes)
slim	**mince** (mince, minces, minces)
young	**jeune** (jeune, jeunes, jeunes)
old (not young)	**vieux** (vieille, vieux, vieilles)
plump	**potelé** (potelée, potelés, potelées)
skinny	**maigre** (maigre, maigres, maigres)
chubby	**joufflu** (joufflue, joufflus, joufflues)
cute	**mignon** (mignonne, mignons, mignonnes)

clever	intelligent (intelligente, intelligents, intelligentes)
evil	mauvais (mauvaise, mauvais, mauvaises)
well-behaved	sage (sage, sages, sages)
cool	cool (coole, cools, cooles)
worried	inquiet (inquiète, inquiets, inquiètes)
surprised	surpris (surprise, surpris, surprises)
sober	sobre (sobre, sobres, sobres)
drunk	ivre (ivre, ivres, ivres)
blind	aveugle (aveugle, aveugles, aveugles)
mute	muet (muette, muets, muettes)
deaf	sourd (sourde, sourds, sourdes)
guilty	coupable (coupable, coupables, coupables)
friendly	amical (amicale, amicaux, amicales)
busy	occupé (occupée, occupés, occupées)
bloody	sanglant (sanglante, sanglants, sanglantes)
pale	pâle (pâle, pâles, pâles)
strict	strict (stricte, stricts, strictes)
holy	saint (sainte, saints, saintes)
beautiful	beau (belle, beaux, belles)
silly	idiot (idiote, idiots, idiotes)
crazy	fou (folle, fous, folles)
ugly	laid (laide, laids, laides)
handsome	beau (belle, beaux, belles)
greedy	gourmand (gourmande, gourmands, gourmandes)
generous	généreux (généreuse, généreux, généreuses)
brave	courageux (courageuse, courageux, courageuses)
shy	timide (timide, timides, timides)
lazy	paresseux (paresseuse, paresseux, paresseuses)
sexy	sexy (sexy, sexys, sexys)

stupid	**stupide** (stupide, stupides, stupides)

Outside

cold (adjective)	**froid** (froide, froids, froides)
hot (temperature)	**chaud** (chaude, chauds, chaudes)
warm	**chaud** (chaude, chauds, chaudes)
silent	**silencieux** (silencieuse, silencieux, silencieuses)
quiet	**calme** (calme, calmes, calmes)
loud	**bruyant** (bruyante, bruyants, bruyantes)
wet	**mouillé** (mouillée, mouillés, mouillées)
dry	**sec** (sèche, secs, sèches)
windy	**venteux** (venteuse, venteux, venteuses)
cloudy	**nuageux** (nuageuse, nuageux, nuageuses)
foggy	**brumeux** (brumeuse, brumeux, brumeuses)
rainy	**pluvieux** (pluvieuse, pluvieux, pluvieuses)
sunny	**ensoleillé** (ensoleillée, ensoleillés, ensoleillées)

Verb

Basics

to open (e.g. a door)	ouvrir (ouvre, avoir ouvert, ouvrant)
to close	fermer (ferme, avoir fermé, fermant)
to sit	s'asseoir (m'assois, s'être assis, s'assoyant)
to turn on	allumer (allume, avoir allumé, allumant)
to turn off	éteindre (éteins, avoir éteint, éteignant)
to stand	être debout (suis, avoir été, étant)
to lie	s'allonger (m'allonge, s'être allongé, s'allongeant)
to come	venir (viens, être venu, venant)
to think	penser (pense, avoir pensé, pensant)
to know	savoir (sais, avoir su, sachant)
to fail	échouer (échoue, avoir échoué, échouant)
to win	gagner (gagne, avoir gagné, gagnant)
to lose	perdre (perds, avoir perdu, perdant)
to live	vivre (vis, avoir vécu, vivant)
to die	mourir (meurs, être mort, mourant)

Action

to take	prendre (prends, avoir pris, prenant)
to put	mettre (mets, avoir mis, mettant)
to find	trouver (trouve, avoir trouvé, trouvant)
to smoke	fumer (fume, avoir fumé, fumant)
to steal	voler (vole, avoir volé, volant)
to kill	tuer (tue, avoir tué, tuant)
to fly	voler (vole, avoir volé, volant)
to carry	porter (porte, avoir porté, portant)
to rescue	secourir (secours, avoir secouru, secourant)
to burn	brûler (brûle, avoir brûlé, brûlant)

to injure	**blesser** (blesse, avoir blessé, blessant)
to attack	**attaquer** (attaque, avoir attaqué, attaquant)
to defend	**défendre** (défends, avoir défendu, défendant)
to fall	**tomber** (tombe, être tombé, tombant)
to vote	**voter** (vote, avoir voté, votant)
to choose	**choisir** (choisis, avoir choisi, choisissant)
to gamble	**parier** (parie, avoir parié, pariant)
to shoot	**tirer** (tire, avoir tiré, tirant)
to saw	**scier** (scie, avoir scié, sciant)
to drill	**percer** (perce, avoir percé, perçant)
to hammer	**enfoncer** (enfonce, avoir enfoncé, enfonçant)

Body

to eat	**manger** (mange, avoir mangé, mangeant)
to drink	**boire** (bois, avoir bu, buvant)
to talk	**parler** (parle, avoir parlé, parlant)
to laugh	**rire** (ris, avoir ri, riant)
to cry	**pleurer** (pleure, avoir pleuré, pleurant)
to sing	**chanter** (chante, avoir chanté, chantant)
to walk	**marcher** (marche, avoir marché, marchant)
to watch	**regarder** (regarde, avoir regardé, regardant)
to work	**travailler** (travaille, avoir travaillé, travaillant)
to breathe	**respirer** (respire, avoir respiré, respirant)
to smell	**sentir** (sens, avoir senti, sentant)
to listen	**écouter** (écoute, avoir écouté, écoutant)
to lose weight	**perdre du poids** (perds, avoir perdu, perdant)
to gain weight	**prendre du poids** (prends, avoir pris, prenant)
to shrink	**rétrécir** (rétrécis, avoir rétréci, rétrécissant)
to grow	**grandir** (grandis, avoir grandi, grandissant)
to smile	**sourire** (souris, avoir souri, souriant)

to whisper	**chuchoter** (chuchote, avoir chuchoté, chuchotant)
to touch	**toucher** (touche, avoir touché, touchant)
to shiver	**frissonner** (frissonne, avoir frissonné, frissonnant)
to bite	**mordre** (mords, avoir mordu, mordant)
to swallow	**avaler** (avale, avoir avalé, avalant)
to faint	**s'évanouir** (m'évanouis, s'être évanoui, s'évanouissant)
to stare	**fixer** (fixe, avoir fixé, fixant)
to kick	**frapper avec le pied** (frappe, avoir frappé, frappant)
to shout	**crier** (crie, avoir crié, criant)
to spit	**cracher** (crache, avoir craché, crachant)
to vomit	**vomir** (vomis, avoir vomi, vomissant)

Interaction

to ask	**demander** (demande, avoir demandé, demandant)
to answer	**répondre** (réponds, répondu, répondant)
to help	**aider** (aide, avoir aidé, aidant)
to like	**apprécier** (apprécie, avoir apprécié, appréciant)
to love	**aimer** (aime, avoir aimé, aimant)
to give (somebody something)	**donner** (donne, avoir donné, donnant)
to marry	**marier** (marie, avoir marié, mariant)
to meet	**rencontrer** (rencontre, avoir rencontré, rencontrant)
to kiss	**embrasser** (embrasse, avoir embrassé, embrassant)
to argue	**se disputer** (me dispute, s'être disputé, se disputant)
to share	**partager** (partage, avoir partagé, partageant)
to warn	**avertir** (avertis, avoir averti, avertissant)
to follow	**suivre** (suis, avoir suivi, suivant)

to hide	**cacher** (cache, avoir caché, cachant)
to bet	**parier** (parie, avoir parié, pariant)
to feed	**alimenter** (alimente, avoir alimenté, alimentant)
to threaten	**menacer** (menace, avoir menacé, menaçant)
to give a massage	**faire un massage** (fais, avoir fait, faisant)

Movements

to run	**courir** (cours, avoir couru, courant)
to swim	**nager** (nage, avoir nagé, nageant)
to jump	**sauter** (saute, avoir sauté, sautant)
to lift	**soulever** (soulève, avoir soulevé, soulevant)
to pull (... open)	**tirer** (tire, avoir tiré, tirant)
to push (... open)	**pousser** (pousse, avoir poussé, poussant)
to press (a button)	**appuyer** (appuie, avoir appuyé, appuyant)
to throw	**jeter** (jette, avoir jeté, jetant)
to crawl	**ramper** (rampe, avoir rampé, rampant)
to fight	**se battre** (me bats, s'être battu, se battant)
to catch	**attraper** (attrape, avoir attrapé, attrapant)
to hit	**frapper** (frappe, avoir frappé, frappant)
to climb	**grimper** (grimpe, avoir grimpé, grimpant)
to roll	**rouler** (roule, avoir roulé, roulant)
to dig	**creuser** (creuse, avoir creusé, creusant)

Business

to buy	**acheter** (achète, avoir acheté, achetant)
to pay	**payer** (paye, avoir payé, payant)
to sell	**vendre** (vends, avoir vendu, vendant)
to study	**étudier** (étudie, avoir étudié, étudiant)
to practice	**s'entraîner** (m'entraîne, s'être entraîné, s'entraînant)

to call	**téléphoner à** (téléphone, avoir téléphoné, téléphonant)
to read	**lire** (lis, avoir lu, lisant)
to write	**écrire** (écris, avoir écrit, écrivant)
to calculate	**calculer** (calcule, avoir calculé, calculant)
to measure	**mesurer** (mesure, avoir mesuré, mesurant)
to earn	**gagner** (gagne, avoir gagné, gagnant)
to look for	**chercher** (cherche, avoir cherché, cherchant)
to cut	**couper** (coupe, avoir coupé, coupant)
to count	**compter** (compte, avoir compté, comptant)
to scan	**scanner** (scanne, avoir scanné, scannant)
to print	**imprimer** (imprime, avoir imprimé, imprimant)
to copy	**copier** (copie, avoir copié, copiant)
to fix	**réparer** (répare, avoir réparé, réparant)
to quote	**citer** (cite, avoir cité, citant)
to deliver	**livrer** (livre, avoir livré, livrant)

Home

to sleep	**dormir** (dors, avoir dormi, dormant)
to dream	**rêver** (rêve, avoir rêvé, rêvant)
to wait	**attendre** (attends, avoir attendu, attendant)
to clean	**nettoyer** (nottoie, avoir nettoyé, nettoyant)
to wash	**laver** (lave, avoir lavé, lavant)
to cook	**cuire** (cuis, avoir cuit, cuisant)
to play	**jouer** (joue, avoir joué, jouant)
to travel	**voyager** (voyage, avoir voyagé, voyageant)
to enjoy	**jouir** (jouis, avoir joui, jouissant)
to bake	**faire de la pâtisserie** (fais, avoir fait, faisant)
to fry	**frire** (fris, avoir frit, frisant)
to boil	**bouillir** (bous, avoir bouilli, bouillant)
to pray	**prier** (prie, avoir prié, priant)

to rest	**se reposer** (me repose, s'être reposé, se reposant)
to lock	**verrouiller** (verrouille, avoir verrouillé, verrouillant)
to open (unlock)	**ouvrir** (ouvre, avoir ouvert, ouvrant)
to celebrate	**célébrer** (célébre, avoir célébré, célébrant)
to dry	**sécher** (sèche, avoir séché, séchant)
to fish	**pêcher** (pêche, avoir pêché, pêchant)
to take a shower	**se doucher** (me douche, s'être douché, se douchant)
to iron	**repasser** (repasse, avoir repassé, repassant)
to vacuum	**passer l'aspirateur** (passe, être passé, passant)
to paint	**peindre** (peins, avoir peint, peignant)

House

Parts

door	(la) porte
window (building)	(la) fenêtre
wall	(le) mur
roof	(le) toit
elevator	(le) ascenseur (l'ascenseur)
stairs	(les) escaliers
toilet (at home)	(les) toilettes
attic	(le) grenier
basement	(le) sous-sol
solar panel	(le) collecteur solaire
chimney	(la) cheminée
fifth floor	(le) cinquième étage
first floor	(le) premier étage
ground floor	(le) rez de chaussée
first basement floor	(le) premier étage du sous-sol
second basement floor	(le) deuxième étage du sous-sol
living room	(le) salon
bedroom	(la) chambre à coucher
kitchen	(la) cuisine
corridor	(le) couloir
front door	(la) porte d'entrée
bathroom	(la) salle de bain
workroom	(le) cabinet
nursery	(la) chambre d'enfant
floor	(le) plancher
ceiling	(le) plafond
garage door	(la) porte du garage
garage	(le) garage

garden	(le) jardin
balcony	(le) balcon
terrace	(la) terrasse

Devices

TV set	(le) poste de télévision
remote control	(la) télécommande
security camera	(la) caméra de sécurité
rice cooker	(le) cuiseur à riz
router	(le) routeur
heating	(le) chauffage
washing machine	(la) machine à laver
fridge	(le) réfrigérateur
freezer	(le) congélateur
microwave	(le) micro-onde
oven	(le) four
cooker	(la) cuisinière
cooker hood	(la) hotte
dishwasher	(le) lave-vaisselle
kettle	(la) bouilloire
mixer	(le) mixer
electric iron	(le) fer à repasser électrique
toaster	(le) grille-pain
hairdryer	(le) sèche-cheveux
ironing table	(la) table à repasser
vacuum cleaner	(le) aspirateur (l'aspirateur)
coffee machine	(la) cafetière
air conditioner	(le) climatiseur
satellite dish	(la) antenne parabolique (l'antenne parabolique)
fan	(le) ventilateur

radiator	(le) radiateur
sewing machine	(la) machine à coudre

Kitchen

spoon	(la) cuillère
fork	(la) fourchette
knife	(le) couteau
plate	(la) assiette (l'assiette)
bowl	(le) bol
glass	(le) verre
cup (for cold drinks)	(le) gobelet
garbage bin	(la) poubelle
chopstick	(la) baguette
light bulb	(la) ampoule (l'ampoule)
pan	(la) poêle
pot	(la) casserole
ladle	(la) louche
cup (for hot drinks)	(la) tasse
teapot	(la) théière
grater	(la) râpe
cutlery	(les) couverts
tap	(le) robinet
sink	(le) évier (l'évier)
wooden spoon	(la) cuillère en bois
chopping board	(la) planche à découper
sponge	(la) éponge (l'éponge)
corkscrew	(le) tire-bouchon

Bedroom

bed	(le) lit
alarm clock	(le) réveil

curtain	(le) rideau
bedside lamp	(la) lampe de chevet
wardrobe	(la) armoire (l'armoire)
drawer	(le) tiroir
bunk bed	(le) lit superposé
desk	(le) bureau
cupboard	(le) placard
shelf	(la) étagère (l'étagère)
blanket	(la) couverture
pillow	(le) oreiller (l'oreiller)
mattress	(le) matelas
night table	(la) table de nuit
cuddly toy	(la) peluche
bookshelf	(la) étagère à livres (l'étagère à livres)
lamp	(la) lampe
safe (for money)	(le) coffre-fort
baby monitor	(le) babyphone

Bathroom

broom	(le) balai
shower	(la) douche
mirror	(le) miroir
scale	(la) balance
bucket	(le) seau
toilet paper	(le) papier toilette
basin	(le) lavabo
towel	(la) serviette
tile	(le) carreau
toilet brush	(la) brosse à toilettes
soap	(le) savon
bath towel	(la) serviette de bain

bathtub	(la) baignoire
shower curtain	(le) rideau de douche
laundry	(le) linge
laundry basket	(le) panier à linge
peg	(la) pince à linge
washing powder	(la) poudre à laver

Living room

chair	(la) chaise
table	(la) table
clock	(la) horloge (l'horloge)
calendar	(le) calendrier
picture	(la) photographie
carpet	(le) tapis
sofa	(le) canapé
power outlet	(la) prise de courant
coffee table	(la) table basse
houseplant	(la) plante d'intérieur
shoe cabinet	(la) armoire à chaussures (l'armoire à chaussures)
light switch	(le) interrupteur (l'interrupteur)
stool	(le) tabouret
rocking chair	(la) chaise à bascule
door handle	(la) poignée de porte
tablecloth	(la) nappe
blind	(le) store
keyhole	(le) trou de serrure
smoke detector	(le) détecteur de fumée

Garden

neighbour	(le) voisin

axe	(la) hache
saw	(la) scie
ladder	(la) échelle (l'échelle)
fence	(la) clôture
swimming pool (garden)	(la) piscine
deck chair	(la) chaise longue
mailbox (for letters)	(la) boîte aux lettres
pond	(le) étang (l'étang)
shed	(le) abri de jardin (l'abri de jardin)
flower bed	(le) parterre de fleurs
lawn mower	(la) tondeuse à gazon
rake	(le) râteau
shovel	(la) pelle
water can	(le) arrosoir (l'arrosoir)
wheelbarrow	(la) brouette
hose	(le) tuyau d'arrosage
pitchfork	(la) fourche à foin
loppers	(les) cisailles
flower pot	(le) pot de fleur
hedge	(la) haie
tree house	(la) cabane dans l'arbre
hoe	(la) houe
chainsaw	(la) scie à moteur
kennel	(la) niche
bell	(la) cloche
greenhouse	(la) serre

Food

Dairy Products

egg	(le) œuf (l'œuf)
milk	(le) lait
cheese	(le) fromage
butter	(le) beurre
yoghurt	(le) yaourt
ice cream	(la) crème glacée
cream (food)	(la) crème
sour cream	(la) crème aigre
whipped cream	(la) crème fouettée
egg white	(le) blanc d'œuf
yolk	(le) jaune d'œuf
boiled egg	(le) œuf à la coque (l'œuf à la coque)
buttermilk	(le) babeurre
feta	(la) feta
mozzarella	(la) mozzarella
parmesan	(le) parmesan
milk powder	(le) lait en poudre

Meat & Fish

meat	(la) viande
fish (to eat)	(le) poisson
steak	(le) steak
sausage	(la) saucisse
bacon	(le) lard
ham	(le) jambon
lamb	(le) agneau (l'agneau)
pork	(le) porc

beef	(le) bœuf
chicken (meat)	(le) poulet
turkey	(la) dinde
salami	(le) salami
game	(le) gibier
veal	(le) veau
fat meat	(la) viande grasse
lean meat	(la) viande maigre
minced meat	(la) viande hachée
salmon	(le) saumon
tuna	(le) thon
sardine	(la) sardine
fishbone	(la) arête de poisson (l'arête de poisson)
bone (food)	(le) os (l'os)

Vegetables

lettuce	(la) laitue
potato	(la) pomme de terre
mushroom	(le) champignon
garlic	(le) ail (l'ail)
cucumber	(le) concombre
onion	(le) oignon (l'oignon)
corn	(le) maïs
pea	(le) pois
bean	(le) haricot
celery	(le) céleri
okra	(le) gombo
bamboo (food)	(le) bambou
Brussels sprouts	(le) choux de Bruxelles
spinach	(les) épinards
turnip cabbage	(le) chou-navet

broccoli	(le) brocoli
cabbage	(le) chou
artichoke	(le) artichaut (l'artichaut)
cauliflower	(le) chou-fleur
pepper (vegetable)	(le) paprika
chili	(le) piment
courgette	(la) courgette
radish	(le) radis
carrot	(la) carotte
sweet potato	(la) patate douce
aubergine	(la) aubergine (l'aubergine)
ginger	(le) gingembre
spring onion	(la) ciboule
leek	(le) poireau
truffle	(la) truffe
pumpkin	(la) citrouille
lotus root	(la) racine de lotus

Fruits & More

apple	(la) pomme
banana	(la) banane
pear	(la) poire
tomato	(la) tomate
orange (food)	(la) orange (l'orange)
lemon	(le) citron
strawberry	(la) fraise
pineapple	(le) ananas (l'ananas)
water melon	(la) pastèque
grapefruit	(le) pamplemousse
lime	(le) citron vert
peach	(la) pêche

apricot	(le) abricot (l'abricot)
plum	(la) prune
cherry	(la) cerise
blackberry	(la) mûre
cranberry	(la) canneberge
blueberry	(la) myrtille
raspberry	(la) framboise
currant	(la) groseille
sugar melon	(le) melon cantaloup
grape	(le) raisin
avocado	(le) avocat (l'avocat)
kiwi	(le) kiwi
lychee	(le) litchi
papaya	(la) papaye
mango	(la) mangue
pistachio	(la) pistache
cashew	(la) noix de cajou
peanut	(la) cacahuète
hazelnut	(la) noisette
walnut	(la) noix
almond	(la) amande (l'amande)
coconut	(la) noix de coco
date (food)	(la) date
fig	(la) figue
raisin	(le) raisin sec
olive	(la) olive (l'olive)
pit	(le) noyau
peel	(la) épluchure (l'épluchure)
jackfruit	(le) jacquier

Spices

salt	(le) sel
pepper (spice)	(le) poivre
curry	(le) curry
vanilla	(la) vanille
nutmeg	(la) noix de muscade
paprika	(le) paprika
cinnamon	(la) cannelle
lemongrass	(la) citronnelle
fennel	(le) fenouil
thyme	(le) thym
mint	(la) menthe
chive	(la) ciboulette
marjoram	(la) marjolaine
basil	(le) basilic
rosemary	(le) romarin
dill	(le) aneth (l'aneth)
coriander	(le) coriandre
oregano	(le) origan (l'origan)

Products

flour	(la) farine
sugar	(le) sucre
rice	(le) riz
bread	(le) pain
noodle	(la) nouille
oil	(la) huile (l'huile)
soy	(le) soja
wheat	(le) blé
oat	(la) avoine (l'avoine)
sugar beet	(la) betterave à sucre

sugar cane	(la) canne à sucre
rapeseed oil	(la) huile de colza (l'huile de colza)
sunflower oil	(la) huile de tournesol (l'huile de tournesol)
olive oil	(la) huile d'olive (l'huile d'olive)
peanut oil	(la) huile d'arachide (l'huile d'arachide)
soy milk	(le) lait de soja
corn oil	(la) huile de maïs (l'huile de maïs)
vinegar	(le) vinaigre
yeast	(la) levure de boulanger
baking powder	(la) levure chimique
gluten	(le) gluten
tofu	(le) tofu
icing sugar	(le) sucre glace
granulated sugar	(le) sucre granulé
vanilla sugar	(le) sucre vanillé
tobacco	(le) tabac

Breakfast

honey	(le) miel
jam	(la) confiture
peanut butter	(le) beurre de cacahuète
nut	(la) noix
oatmeal	(les) flocons d'avoine
cereal	(la) céréale
maple syrup	(le) sirop d'érable
chocolate cream	(la) pâte à tartiner au chocolat
porridge	(le) porridge
baked beans	(les) haricots blancs à la sauce tomate
scrambled eggs	(la) omelette (l'omelette)
muesli	(le) muesli
fruit salad	(la) salade de fruits

dried fruit	(le) fruit sec

Sweet Food

cake	(le) gâteau
cookie	(le) biscuit
muffin	(le) muffin
biscuit	(le) biscuit
chocolate	(le) chocolat
candy	(le) bonbon
doughnut	(le) beignet
brownie	(le) brownie
pudding	(le) pudding
custard	(la) crème anglaise
cheesecake	(le) gâteau au fromage
crêpe	(la) crêpe
croissant	(le) croissant
pancake	(la) crêpe
waffle	(la) gaufre
apple pie	(la) tarte aux pommes
marshmallow	(la) guimauve
chewing gum	(le) chewing-gum
fruit gum	(la) gomme de fruits
liquorice	(la) réglisse
caramel	(le) caramel
candy floss	(la) barbe à papa
nougat	(le) nougat

Drinks

water	(la) eau (l'eau)
tea	(le) thé
coffee	(le) café

coke	(le) coca
milkshake	(le) milk-shake
orange juice	(le) jus d'orange
soda	(la) eau gazeuse (l'eau gazeuse)
tap water	(la) eau du robinet (l'eau du robinet)
black tea	(le) thé noir
green tea	(le) thé vert
milk tea	(le) thé au lait
hot chocolate	(le) chocolat chaud
cappuccino	(le) cappuccino
espresso	(le) expresso (l'expresso)
mocha	(le) moka
iced coffee	(le) café glacé
lemonade	(la) limonade
apple juice	(le) jus de pomme
smoothie	(le) smoothie
energy drink	(la) boisson énergétique

Alcohol

wine	(le) vin
beer	(la) bière
champagne	(le) champagne
red wine	(le) vin rouge
white wine	(le) vin blanc
gin	(le) gin
vodka	(la) vodka
whiskey	(le) whisky
rum	(le) rhum
brandy	(le) brandy
cider	(le) cidre
tequila	(la) tequila

cocktail	(le) cocktail
martini	(le) martini
liqueur	(la) liqueur
sake	(le) saké
sparkling wine	(le) vin pétillant

Meals

soup	(la) soupe
salad	(la) salade
dessert	(le) dessert
starter	(la) entrée (l'entrée)
side dish	(le) accompagnement (l'accompagnement)
snack	(le) en-cas (l'en-cas)
breakfast	(le) petit déjeuner
lunch	(le) déjeuner
dinner	(le) dîner
picnic	(le) pique-nique
seafood	(les) fruits de mer
street food	(la) nourriture vendue dans la rue
menu	(le) menu
tip	(le) pourboire
buffet	(le) buffet

Western Food

pizza	(la) pizza
spaghetti	(les) spaghettis
potato salad	(la) salade de pommes de terre
mustard	(la) moutarde
barbecue	(le) barbecue
steak	(le) steak
roast chicken	(le) poulet rôti

pie	(la) tarte
meatball	(la) boulette de viande
lasagne	(les) lasagnes
fried sausage	(la) saucisse frit
skewer	(la) brochette
goulash	(le) goulache
roast pork	(le) rôti de porc
mashed potatoes	(la) purée

Asian Food

sushi	(le) sushi
spring roll	(le) rouleau de printemps
instant noodles	(les) nouilles instantanées
fried noodles	(les) nouilles sautées
fried rice	(le) riz frit
ramen	(les) ramen
dumpling	(la) boulette de pâte
dim sum	(le) dimsum
hot pot	(le) hot pot
Beijing duck	(le) canard laqué

Fast Food

burger	(le) burger
French fries	(la) frite
chips	(les) chips
tomato sauce	(la) sauce tomate
mayonnaise	(la) mayonnaise
popcorn	(le) pop-corn
hamburger	(le) hamburger
cheeseburger	(le) cheeseburger
hot dog	(le) hot-dog

sandwich	(le) sandwich
chicken nugget	(le) nugget de poulet
fish and chips	(le) fish and chips
kebab	(le) kebab
chicken wings	(les) ailes de poulet
onion ring	(la) rondelle d'oignon frits
potato wedges	(le) quartier de pomme de terre
nachos	(le) nachos

Life

Holiday

luggage	(la) valise
hotel	(le) hôtel (l'hôtel)
passport	(le) passeport
tent	(la) tente
sleeping bag	(le) sac de couchage
backpack	(le) sac à dos
room key	(la) clé de la chambre
guest	(le) invité (l'invité)
lobby	(le) hall d'entrée
room number	(le) numéro de chambre
single room	(la) chambre simple
double room	(la) chambre double
dorm room	(le) dortoir
room service	(le) service de chambre
minibar	(le) minibar
reservation	(la) réservation
membership	(la) adhésion (l'adhésion)
beach	(la) plage
parasol	(le) parasol
camping	(le) camping
camping site	(le) terrain de camping
campfire	(le) feu de camp
air mattress	(le) matelas gonflable
postcard	(la) carte postale
diary	(le) journal intime
visa	(le) visa
hostel	(la) auberge (l'auberge)
booking	(la) réservation

member	(le) membre

Time

second (time)	(la) seconde
minute	(la) minute
hour	(la) heure (l'heure)
morning (6:00-9:00)	(le) matin
noon	midi
evening	(la) soirée
morning (9:00-11:00)	(la) matinée
afternoon	(la) après-midi (l'après-midi)
night	(la) nuit
1:00	une heure
2:05	deux heures cinq
3:10	trois heures dix
4:15	quatre heures et quart
5:20	cinq heures vingt
6:25	six heures vingt-cinq
7:30	sept heures et demie
8:35	huit heures trente-cinq
9:40	dix heure moins vingt
10:45	onze heures moins le quart
11:50	douze heures moins dix
12:55	une heure moins cinq
one o'clock in the morning	une heure du matin
two o'clock in the afternoon	deux heures de l'après-midi
half an hour	une demi-heure
quarter of an hour	un quart d'heure
three quarters of an hour	trois quarts d'heure
midnight	minuit
now	maintenant

Date

the day before yesterday	avant-hier
yesterday	hier
today	aujourd'hui
tomorrow	demain
the day after tomorrow	après-demain
spring	(le) printemps
summer	(le) été (l'été)
autumn	(le) automne (l'automne)
winter	(le) hiver (l'hiver)
Monday	lundi
Tuesday	mardi
Wednesday	mercredi
Thursday	jeudi
Friday	vendredi
Saturday	samedi
Sunday	dimanche
day	(le) jour
week	(la) semaine
month	(le) mois
year	(la) année (l'année)
January	janvier
February	février
March	mars
April	avril
May	mai
June	juin
July	juillet
August	août
September	septembre
October	octobre
November	novembre

December	décembre
century	(le) siècle
decade	(la) décennie
millennium	(le) millénaire
2014-01-01	premier janvier deux mille quatorze
2015-04-03	trois avril deux mille quinze
2016-05-17	dix-sept mai deux mille seize
1988-04-12	douze avril dix-neuf cent quatre-vingt-huit
1899-10-13	treize octobre dix-huit cent quatre-vingt-dix-neuf
2000-12-12	douze décembre de l'an deux mille
1900-11-11	onze novembre mille neuf cents
2010-07-14	quatorze juillet deux mille dix
1907-09-30	trente septembre dix-neuf cent sept
2003-02-25	vingt-cinq février deux mille trois
last week	semaine dernière
this week	cette semaine
next week	semaine prochaine
last year	année dernière
this year	cette année
next year	année prochaine
last month	mois dernier
this month	ce mois-ci
next month	mois prochain
birthday	(le) anniversaire (l'anniversaire)
Christmas	Noël
New Year	(le) nouvel an
Ramadan	(le) Ramadan
Halloween	Halloween
Thanksgiving	Thanksgiving
Easter	Pâques

Relatives

daughter	(la) fille
son	(le) fils
mother	(la) mère
father	(le) père
wife	(la) femme
husband	(le) mari
grandfather (paternal)	(le) grand-père
grandfather (maternal)	(le) grand-père
grandmother (paternal)	(la) grand-mère
grandmother (maternal)	(la) grand-mère
aunt	(la) tante
uncle	(le) oncle (l'oncle)
cousin (male)	(le) cousin
cousin (female)	(la) cousine
big brother	(le) grand frère
little brother	(le) petit frère
big sister	(la) grande sœur
little sister	(la) petite sœur
niece	(la) nièce
nephew	(le) neveu
daughter-in-law	(la) belle-fille
son-in-law	(le) beau-fils
grandson	(le) petit-fils
granddaughter	(la) petite-fille
brother-in-law	(le) beau-frère
sister-in-law	(la) belle-sœur
father-in-law	(le) beau-père
mother-in-law	(la) belle-mère
parents	(les) parents
parents-in-law	(les) beaux-parents

siblings	(les) **frères et sœurs**
grandchild	(le) petit-enfant
stepfather	(le) **beau-père**
stepmother	(la) belle-mère
stepdaughter	(la) **belle-fille**
stepson	(le) beau-fils
dad	(le) **papa**
mum	(la) maman

Life

man	(le) **homme** (l'homme)
woman	(la) femme
child	(le) **enfant** (l'enfant)
boy	(le) garçon
girl	(la) **fille**
baby	(le) **bébé**
love	(le) **amour** (l'amour)
job	(le) **emploi** (l'emploi)
death	(le) **mort**
birth	(la) naissance
infant	(le) **nourrisson**
birth certificate	(le) certificat de naissance
nursery	(la) **crèche**
kindergarten	(le) jardin d'enfants
primary school	(la) **école primaire** (l'école primaire)
twins	(les) jumeaux
triplets	(les) **triplés**
junior school	(le) collège
high school	(le) **lycée**
friend	(le) ami (l'ami)
girlfriend	(la) petite amie

boyfriend	(le) petit ami
university	(la) université (l'université)
vocational training	(la) formation professionnelle
graduation	(la) remise de diplôme
engagement	(les) fiançailles
fiancé	(la) fiancée
fiancée	(la) fiancée
lovesickness	(le) chagrin d'amour
sex	(le) sexe
engagement ring	(la) bague de fiançailles
kiss	(le) baiser
wedding	(le) mariage
divorce	(le) divorce
groom	(le) marié
bride	(la) mariée
wedding dress	(la) robe de mariée
wedding ring	(la) alliance (l'alliance)
wedding cake	(le) gâteau de mariage
honeymoon	(la) lune de miel
funeral	(les) funérailles
retirement	(la) retraite
coffin	(le) cercueil
corpse	(le) cadavre
urn	(la) urne (l'urne)
grave	(la) tombe
widow	(la) veuve
widower	(le) veuf
orphan	(le) orphelin (l'orphelin)
testament	(le) testament
heir	(le) héritier (l'héritier)
heritage	(le) patrimoine

| gender | (le) sexe |
| cemetery | (le) cimetière |

Transport

Car

tyre	(le) pneu
steering wheel	(le) volant
throttle	(la) accélérateur (l'accélérateur)
brake	(le) frein
clutch	(le) embrayage (l'embrayage)
horn	(le) avertisseur sonore (l'avertisseur sonore)
windscreen wiper	(le) essuie-glace (l'essuie-glace)
battery	(la) batterie
rear trunk	(le) coffre
wing mirror	(le) rétroviseur extérieur
rear mirror	(le) rétroviseur
windscreen	(le) pare-brise
bonnet	(le) capot
side door	(la) porte latérale
front light	(le) feu avant
bumper	(le) pare-chocs
seatbelt	(la) ceinture de sécurité
diesel	(le) diesel
petrol	(la) essence (l'essence)
back seat	(la) banquette arrière
front seat	(le) siège avant
gear shift	(le) changement de vitesse
automatic	(la) automatique (l'automatique)
dashboard	(le) tableau de bord
airbag	(le) airbag (l'airbag)
GPS	(le) GPS
speedometer	(le) compteur de vitesse
gear lever	(le) levier de vitesse

motor	(le) moteur
exhaust pipe	(le) pot d'échappement
hand brake	(le) frein à main
shock absorber	(le) amortisseur (l'amortisseur)
rear light	(le) feu arrière
brake light	(le) feu de freinage

Bus & Train

train	(le) train
bus	(le) bus
tram	(le) tram
subway	(le) métro
bus stop	(le) arrêt de bus (l'arrêt de bus)
train station	(la) gare
timetable	(les) horaires
fare	(le) prix du ticket
minibus	(le) minibus
school bus	(le) autobus scolaire (l'autobus scolaire)
platform	(la) plate-forme
locomotive	(la) locomotive
steam train	(le) train à vapeur
high-speed train	(le) train à grande vitesse (TGV)
monorail	(le) monorail
freight train	(le) train de marchandise
ticket office	(le) guichet
ticket vending machine	(le) distributeur de tickets
railtrack	(la) voie ferrée

Plane

airport	(le) aéroport (l'aéroport)
emergency exit (on plane)	(la) sortie de secours

helicopter	(le) hélicoptère (l'hélicoptère)
wing	(la) aile (l'aile)
engine	(le) réacteur
life jacket	(le) gilet de sauvetage
cockpit	(la) cabine de pilotage
row	(la) rangée
window (in plane)	(la) fenêtre
aisle	(le) couloir
glider	(le) planeur
cargo aircraft	(le) avion cargo (l'avion cargo)
business class	(la) classe affaires
economy class	(la) classe économique
first class	(la) première classe
carry-on luggage	(le) bagage à main
check-in desk	(le) comptoir d'enregistrement
airline	(la) compagnie aérienne
control tower	(la) tour de contrôle
customs	(la) douane
arrival	(la) arrivée (l'arrivée)
departure	(le) départ
runway	(la) piste d'atterrissage

Ship

harbour	(le) port
container	(le) conteneur
container ship	(le) porte-conteneurs
yacht	(le) yacht
ferry	(le) traversier
anchor	(la) ancre (l'ancre)
rowing boat	(la) barque
rubber boat	(le) bateau pneumatique

mast	(le) mât
life buoy	(la) bouée de sauvetage
sail	(la) voile
radar	(le) radar
deck	(le) pont
lifeboat	(le) canot de sauvetage
bridge	(le) pont
engine room	(la) salle des machines
cabin	(la) cabine
sailing boat	(le) voilier
submarine	(le) sous-marin
aircraft carrier	(le) porte-avions
cruise ship	(le) paquebot de croisière
fishing boat	(le) bateau de pêche
pier	(la) jetée
lighthouse	(le) phare
canoe	(le) canoë

Infrastructure

road	(la) route
motorway	(la) autoroute (l'autoroute)
petrol station	(la) station essence
traffic light	(le) feu
construction site	(le) chantier de construction
car park	(le) parking
traffic jam	(le) embouteillage (l'embouteillage)
intersection	(la) intersection (l'intersection)
toll	(le) péage
overpass	(la) passerelle
underpass	(le) passage souterrain
one-way street	(la) rue à sens unique

pedestrian crossing	(le) passage piétons
speed limit	(la) limitation de vitesse
roundabout	(le) rond-point
parking meter	(le) parcmètre
car wash	(la) station de lavage
pavement	(le) trottoir
rush hour	(la) heure de pointe (l'heure de pointe)
street light	(le) éclairage public (l'éclairage public)

Others

car	(la) voiture
ship	(le) navire
plane	(le) avion (l'avion)
bicycle	(le) vélo
taxi	(le) taxi
lorry	(le) camion
snowmobile	(la) motoneige
cable car	(le) téléphérique
classic car	(la) voiture de collection
limousine	(la) limousine
motorcycle	(la) moto
motor scooter	(le) scooter
tandem	(le) tandem
racing bicycle	(le) vélo de course
hot-air balloon	(la) montgolfière
caravan	(la) caravane
trailer	(la) remorque
child seat	(le) siège d'enfant
antifreeze fluid	(le) antigel (l'antigel)
jack	(le) cric
chain	(la) chaîne

air pump	(la) pompe à air
tractor	(le) tracteur
combine harvester	(la) moissonneuse-batteuse
excavator	(la) pelleteuse
road roller	(le) rouleau compresseur
crane truck	(le) camion-grue
tank	(le) tank
concrete mixer	(la) bétonnière
forklift truck	(le) chariot élévateur

Culture

Cinema & TV

TV	(la) télé
cinema	(le) cinéma
ticket	(le) ticket
comedy	(la) comédie
thriller	(le) thriller
horror movie	(le) film d'horreur
western film	(le) western
science fiction	(la) science-fiction
cartoon	(le) dessin animé
screen (cinema)	(le) écran (l'écran)
seat	(le) siège
news	(le) journal
channel	(la) chaîne
TV series	(la) série télé

Instruments

violin	(le) violon
keyboard (music)	(le) clavier
piano	(le) piano
trumpet	(la) trompette
guitar	(la) guitare
flute	(la) flûte
harp	(la) harpe
double bass	(la) contrebasse
viola	(le) alto (l'alto)
cello	(le) violoncelle
oboe	(le) hautbois

saxophone	(le) saxophone
bassoon	(le) basson
clarinet	(la) clarinette
tambourine	(le) tambourin
cymbals	(la) cymbale
snare drum	(la) caisse claire
kettledrum	(la) timbale
triangle	(le) triangle
trombone	(le) trombone
French horn	(le) cor d'harmonie
tuba	(le) tuba
bass guitar	(la) basse
electric guitar	(la) guitare électrique
drums	(la) batterie
organ	(le) orgue (l'orgue)
xylophone	(le) xylophone
accordion	(le) accordéon (l'accordéon)
ukulele	(le) ukulélé
harmonica	(le) harmonica

Music

opera	(le) opéra (l'opéra)
orchestra	(le) orchestre (l'orchestre)
concert	(le) concert
classical music	(la) musique classique
pop	(la) pop
jazz	(le) jazz
blues	(le) blues
punk	(le) punk
rock (music)	(le) rock
folk music	(la) musique folklorique

heavy metal	(le) heavy metal
rap	(le) rap
reggae	(le) reggae
lyrics	(les) paroles
melody	(la) mélodie
note (music)	(la) note
clef	(la) clef
symphony	(la) symphonie

Arts

theatre	(le) théâtre
stage	(la) scène
audience	(le) public
painting	(la) peinture
drawing	(le) dessin
palette	(la) palette
brush (to paint)	(le) pinceau
oil paint	(la) peinture à l'huile
origami	(le) origami (l'origami)
pottery	(la) poterie
woodwork	(les) boiseries
sculpting	(la) sculpture
cast	(la) distribution
play	(la) pièce de théâtre
script	(le) scénario
portrait	(le) portrait

Dancing

ballet	(le) ballet
Viennese waltz	(la) valse viennoise
tango	(le) tango

Ballroom dance	(la) danse de salon
Latin dance	(la) danse latine
rock 'n' roll	(le) rock' n' roll
waltz	(la) valse
quickstep	(le) quickstep
cha-cha	(le) Cha-cha
jive	(le) jive
salsa	(la) salsa
samba	(la) samba
rumba	(la) rumba

Writing

newspaper	(le) journal
magazine	(le) magazine
advertisement	(la) publicité
letter (like a, b, c)	(la) lettre
character	(le) caractère
text	(le) texte
flyer	(le) prospectus
leaflet	(la) brochure
comic book	(la) bande dessinée
article	(le) article (l'article)
photo album	(le) album photo (l'album photo)
newsletter	(le) bulletin d'information
joke	(la) blague
Sudoku	(le) Sudoku
crosswords	(les) mots croisés
caricature	(la) caricature
table of contents	(le) sommaire
preface	(la) préface
content	(le) contenu

heading	(le) titre
publisher	(le) éditeur (l'éditeur)
novel	(le) roman
textbook	(le) manuel
alphabet	(le) alphabet (l'alphabet)

School

Basics

book	(le) livre
dictionary	(le) dictionnaire
library	(la) bibliothèque
exam	(le) examen (l'examen)
blackboard	(le) tableau noir
desk	(le) bureau
chalk	(la) craie
schoolyard	(la) cour de récréation
school uniform	(le) uniforme scolaire (l'uniforme scolaire)
schoolbag	(le) cartable
notebook	(le) cahier
lesson	(la) leçon
homework	(les) devoirs
essay	(le) essai (l'essai)
term	(le) semestre
sports ground	(le) terrain de sport
reading room	(la) salle de lecture

Subjects

history	(la) histoire (l'histoire)
science	(la) science
physics	(la) physique
chemistry	(la) chimie
art	(le) art (l'art)
English	(le) anglais (l'anglais)
Latin	(le) latin
Spanish	(le) espagnol (l'espagnol)

Mandarin	(le) mandarin
Japanese	(le) japonais
French	(le) français
German	(le) allemand (l'allemand)
Arabic	(le) arabe (l'arabe)
literature	(la) littérature
geography	(la) géographie
mathematics	(les) mathématiques
biology	(la) biologie
physical education	(la) éducation physique (l'éducation physique)
economics	(la) économie (l'économie)
philosophy	(la) philosophie
politics	(la) politique
geometry	(la) géométrie

Stationery

pen	(le) stylo
pencil	(le) crayon
rubber	(la) gomme
scissors	(les) ciseaux
ruler	(la) règle
hole puncher	(la) perforatrice
paperclip	(le) trombone
ball pen	(le) stylo à bille
glue	(la) colle
adhesive tape	(le) ruban adhésif
stapler	(la) agrafeuse (l'agrafeuse)
oil pastel	(le) pastel à l'huile
ink	(la) encre (l'encre)
coloured pencil	(le) crayon de couleur
pencil sharpener	(le) taille-crayon

pencil case	(la) trousse

Mathematics

result	(le) résultat
addition	(la) addition (l'addition)
subtraction	(la) soustraction
multiplication	(la) multiplication
division	(la) division
fraction	(la) fraction
numerator	(le) numérateur
denominator	(le) dénominateur
arithmetic	(la) arithmétique (l'arithmétique)
equation	(la) équation (l'équation)
first	premièr
second (2nd)	deuxième
third	troisième
fourth	quatrième
millimeter	(le) millimètre
centimeter	(le) centimètre
decimeter	(le) décimètre
yard	(le) yard
meter	(le) mètre
mile	(le) mile
square meter	(le) mètre carré
cubic meter	(le) mètre cube
foot	(le) pied
inch	(le) pouce
0%	zéro pour cent
100%	cent pour cent
3%	trois pour cent

Geometry

circle	(le) cercle
square (shape)	(le) carré
triangle	(le) triangle
height	(la) hauteur
width	(la) largeur
vector	(le) vecteur
diagonal	(la) diagonale
radius	(le) rayon
tangent	(la) tangente
ellipse	(la) ellipse (l'ellipse)
rectangle	(le) rectangle
rhomboid	(le) parallélogramme
octagon	(le) octogone (l'octogone)
hexagon	(le) hexagone (l'hexagone)
rhombus	(la) losange
trapezoid	(le) trapèze
cone	(le) cône
cylinder	(le) cylindre
cube	(le) cube
pyramid	(la) pyramide
straight line	(la) ligne droite
right angle	(le) angle droit (l'angle droit)
angle	(le) angle (l'angle)
curve	(la) courbe
volume	(le) volume
area	(la) aire (l'aire)
sphere	(la) sphère

Science

gram	(le) gramme

kilogram	(le) kilo
ton	(la) tonne
liter	(le) litre
volt	(le) volt
watt	(le) watt
ampere	(le) ampère (l'ampère)
laboratory	(le) laboratoire
funnel	(le) entonnoir (l'entonnoir)
Petri dish	(la) boîte de Pétri
microscope	(le) microscope
magnet	(le) aimant (l'aimant)
pipette	(la) pipette
filter	(le) filtre
pound	(la) livre
ounce	(la) once (l'once)
milliliter	(le) millilitre
force	(la) force
gravity	(la) pesanteur
theory of relativity	(la) théorie de la relativité

University

lecture	(le) cours magistrale
canteen	(la) cantine
scholarship	(la) bourse
graduation ceremony	(la) cérémonie de remise de diplômes
lecture theatre	(le) amphithéâtre (l'amphithéâtre)
bachelor	(la) licence
master	(la) maîtrise
PhD	(le) doctorat
diploma	(le) diplôme
degree	(le) degré universitaire

thesis	(la) thèse
research	(la) recherche
business school	(la) école de commerce

Characters

full stop	(le) point
question mark	(le) point d'interrogation
exclamation mark	(le) point d'exclamation
space	(le) espace (l'espace)
colon	(les) deux-points
comma	(la) virgule
hyphen	(le) trait d'union
underscore	(le) souligné
apostrophe	(la) apostrophe (l'apostrophe)
semicolon	(le) point-virgule
()	(la) parenthèse
/	(la) barre oblique
&	et
...	et cetera
1 + 2	une plus deux
2 x 3	deux fois trois
3 - 2	trois moins deux
1 + 1 = 2	un plus un égale deux
4 / 2	quatre divisé par deux
4^2	quatre au carré
6^3	six au cubes
3 to the power of 5	3 à la puissance 5
3.4	trois virgule quatre
www.pinhok.com	www point pinhok point com
contact@pinhok.com	contact arobase pinhok point com
x < y	x est inférieur à y
x > y	x est supérieur à y

x >= y	x est supérieur ou égal à y
x <= y	x est inférieur ou égal à y

Nature

Elements

fire (general)	(le) feu
soil	(la) terre
ash	(la) cendre
sand	(le) sable
coal	(le) charbon
diamond	(le) diamant
clay	(la) argile (l'argile)
chalk	(la) craie
limestone	(le) calcaire
granite	(le) granit
ruby	(le) rubis
opal	(la) opale (l'opale)
jade	(le) jade
sapphire	(le) saphir
quartz	(le) quartz
calcite	(la) calcite
graphite	(le) graphite
lava	(la) lave
magma	(le) magma

Universe

planet	(la) planète
star	(la) étoile (l'étoile)
sun	(le) soleil
earth	(la) terre
moon	(la) lune
rocket	(la) fusée

Mercury	Mercure
Venus	Vénus
Mars	Mars
Jupiter	Jupiter
Saturn	Saturne
Neptune	Neptune
Uranus	Uranus
Pluto	Pluton
comet	(la) comète
asteroid	(le) astéroïde (l'astéroïde)
galaxy	(la) galaxie
Milky Way	(la) voie Lactée
lunar eclipse	(la) éclipse lunaire (l'éclipse lunaire)
solar eclipse	(la) éclipse solaire (l'éclipse solaire)
meteorite	(la) météorite
black hole	(le) trou noir
satellite	(le) satellite
space station	(la) station spatiale
space shuttle	(la) navette spatiale
telescope	(le) télescope

Earth (1)

equator	(le) équateur (l'équateur)
North Pole	(le) pôle Nord
South Pole	(le) pôle Sud
tropics	(les) tropiques
northern hemisphere	(le) hémisphère nord (l'hémisphère nord)
southern hemisphere	(le) hémisphère sud (l'hémisphère sud)
longitude	(la) longitude
latitude	(la) latitude
Pacific Ocean	(le) océan Pacifique (l'océan Pacifique)

Atlantic Ocean	(le) océan Atlantique (l'océan Atlantique)
Mediterranean Sea	(la) mer Méditerranée
Black Sea	(la) mer Noire
Sahara	(le) Sahara
Himalayas	(le) Himalaya (l'Himalaya)
Indian Ocean	(le) océan Indien (l'océan Indien)
Red Sea	(la) mer Rouge
Amazon	(le) Amazone (l'Amazone)
Andes	(les) Andes
continent	(le) continent

Earth (2)

sea	(la) mer
island	(la) île (l'île)
mountain	(la) montagne
river	(la) rivière
forest	(la) forêt
desert (dry place)	(le) désert
lake	(le) lac
volcano	(le) volcan
cave	(la) grotte
pole	(le) pôle
ocean	(le) océan (l'océan)
peninsula	(la) péninsule
atmosphere	(la) atmosphère (l'atmosphère)
earth's crust	(la) croûte terrestre
earth's core	(le) noyau de la terre
mountain range	(la) chaîne de montagnes
crater	(le) cratère
earthquake	(le) tremblement de terre
tidal wave	(le) tsunami

glacier	(le) glacier
valley	(la) vallée
slope	(la) pente
shore	(le) rivage
waterfall	(la) cascade
rock (stone)	(le) rocher
hill	(la) colline
canyon	(le) canyon
marsh	(le) marais
rainforest	(la) forêt tropicale
stream	(le) ruisseau
geyser	(le) geyser
coast	(la) côte
cliff	(la) falaise
coral reef	(le) récif de corail
aurora	(la) aurore (l'aurore)

Weather

rain	(la) pluie
snow	(la) neige
ice	(la) glace
wind	(le) vent
storm	(la) tempête
cloud	(le) nuage
thunderstorm	(le) orage (l'orage)
lightning	(la) foudre
thunder	(le) tonnerre
sunshine	(le) soleil
hurricane	(le) ouragan (l'ouragan)
typhoon	(le) typhon
temperature	(la) température

humidity	(la) humidité (l'humidité)
air pressure	(la) pression atmosphérique
rainbow	(le) arc-en-ciel (l'arc-en-ciel)
fog	(le) brouillard
flood	(la) inondation (l'inondation)
monsoon	(la) mousson
tornado	(la) tornade
centigrade	(le) centigrade
Fahrenheit	(le) Fahrenheit
-2 °C	moins deux degrés centigrades
0 °C	zéro degré centigrade
12 °C	douze degrés centigrades
-4 °F	moins quatre degrés Fahrenheit
0 °F	zéro degré Fahrenheit
30 °F	trente degrés Fahrenheit

Trees

tree	(le) arbre (l'arbre)
trunk	(le) tronc
root	(la) racine
leaf	(la) feuille
branch	(la) branche
bamboo (plant)	(le) bambou
oak	(le) chêne
eucalyptus	(le) eucalyptus (l'eucalyptus)
pine	(le) pin
birch	(le) bouleau
larch	(le) mélèze
beech	(le) hêtre
palm tree	(le) palmier
maple	(le) érable (l'érable)

willow	(le) saule

Plants

flower	(la) fleur
grass	(la) herbe (l'herbe)
cactus	(le) cactus
stalk	(la) tige
blossom	(la) fleur
seed	(la) graine
petal	(la) pétale
nectar	(le) nectar
sunflower	(le) tournesol
tulip	(la) tulipe
rose	(la) rose
daffodil	(la) jonquille
dandelion	(le) pissenlit
buttercup	(le) bouton d'or
reed	(le) roseau
fern	(la) fougère
weed	(la) mauvaise herbe
bush	(le) buisson
acacia	(le) acacia (l'acacia)
daisy	(la) marguerite
iris	(le) iris (l'iris)
gladiolus	(le) glaïeul
clover	(le) trèfle
seaweed	(la) algue (l'algue)

Chemistry

gas	(le) gaz
fluid	(le) fluide

solid	(le) solide
atom	(le) atome (l'atome)
metal	(le) métal
plastic	(le) plastique
atomic number	(le) nombre atomique
electron	(le) électron (l'électron)
neutron	(le) neutron
proton	(le) proton
non-metal	(le) métalloïde
metalloid	(le) semi-métal
isotope	(le) isotope (l'isotope)
molecule	(la) molécule
ion	(le) ion (l'ion)
chemical reaction	(la) réaction chimique
chemical compound	(le) composé chimique
chemical structure	(la) structure chimique
periodic table	(le) tableau périodique
carbon dioxide	(le) dioxyde de carbone
carbon monoxide	(le) monoxyde de carbone
methane	(le) méthane

Periodic Table (1)

hydrogen	(le) hydrogène (l'hydrogène)
helium	(le) hélium (l'hélium)
lithium	(le) lithium
beryllium	(le) béryllium
boron	(le) bore
carbon	(le) carbone
nitrogen	(le) azote (l'azote)
oxygen	(le) oxygène (l'oxygène)
fluorine	(le) fluor

neon	(le) néon
sodium	(le) sodium
magnesium	(le) magnésium
aluminium	(le) aluminium (l'aluminium)
silicon	(le) silicium
phosphorus	(le) phosphore
sulphur	(le) soufre
chlorine	(le) chlore
argon	(le) argon (l'argon)
potassium	(le) potassium
calcium	(le) calcium
scandium	(le) scandium
titanium	(le) titane
vanadium	(le) vanadium
chromium	(le) chrome
manganese	(le) manganèse
iron	(le) fer
cobalt	(le) cobalt
nickel	(le) nickel
copper	(le) cuivre
zinc	(le) zinc
gallium	(le) gallium
germanium	(le) germanium
arsenic	(le) arsenic
selenium	(le) sélénium
bromine	(le) brome
krypton	(le) krypton
rubidium	(le) rubidium
strontium	(le) strontium
yttrium	(le) yttrium
zirconium	(le) zirconium

Periodic Table (2)

niobium	(le) niobium
molybdenum	(le) molybdène
technetium	(le) technétium
ruthenium	(le) ruthénium
rhodium	(le) rhodium
palladium	(le) palladium
silver	(le) argent (l'argent)
cadmium	(le) cadmium
indium	(le) indium (l'indium)
tin	(le) étain (l'étain)
antimony	(le) antimoine (l'antimoine)
tellurium	(le) tellure
iodine	(le) iode (l'iode)
xenon	(le) xénon
caesium	(le) césium
barium	(le) baryum
lanthanum	(le) lanthane
cerium	(le) cérium
praseodymium	(le) praséodyme
neodymium	(le) néodyme
promethium	(le) prométhium
samarium	(le) samarium
europium	(le) europium (l'europium)
gadolinium	(le) gadolinium
terbium	(le) terbium
dysprosium	(le) dysprosium
holmium	(le) holmium (l'holmium)
erbium	(le) erbium (l'erbium)
thulium	(le) thulium
ytterbium	(le) ytterbium (l'ytterbium)

lutetium	(le) lutécium
hafnium	(le) hafnium
tantalum	(le) tantale
tungsten	(le) tungstène
rhenium	(le) rhénium
osmium	(le) osmium (l'osmium)
iridium	(le) iridium (l'iridium)
platinum	(le) platine
gold	(le) or (l'or)
mercury	(le) mercure

Periodic Table (3)

thallium	(le) thallium
lead	(le) plomb
bismuth	(le) bismuth
polonium	(le) polonium
astatine	(le) astate (l'astate)
radon	(le) radon
francium	(le) francium
radium	(le) radium
actinium	(le) actinium (l'actinium)
thorium	(le) thorium
protactinium	(le) protactinium
uranium	(le) uranium (l'uranium)
neptunium	(le) neptunium
plutonium	(le) plutonium
americium	(le) américium (l'américium)
curium	(le) curium
berkelium	(le) berkélium
californium	(le) californium
einsteinium	(le) einsteinium (l'einsteinium)

fermium	(le) fermium
mendelevium	(le) mendélévium
nobelium	(le) nobélium
lawrencium	(le) lawrencium
rutherfordium	(le) rutherfordium
dubnium	(le) dubnium
seaborgium	(le) seaborgium
bohrium	(le) bohrium
hassium	(le) hassium
meitnerium	(le) meitnérium
darmstadtium	(le) darmstadium
roentgenium	(le) roentgenium
copernicium	(le) copernicium
ununtrium	(le) ununtrium (l'ununtrium)
flerovium	(le) flérovium
ununpentium	(le) ununpentium (l'ununpentium)
livermorium	(le) livermorium
ununseptium	(le) ununseptium (l'ununseptium)
ununoctium	(le) ununoctium (l'ununoctium)

Clothes

Shoes

flip-flops	(les) tongs
high heels	(les) chaussures à talons hauts
trainers	(les) chaussures de sport
wellington boots	(les) bottes en caoutchouc
sandals	(les) sandales
leather shoes	(les) chaussures en cuir
heel	(le) talon
sole	(la) semelle
lace	(le) lacet
slippers	(les) chaussons
bathroom slippers	(les) pantoufles de bain
football boots	(les) chaussures de football
skates	(les) patins
hiking boots	(les) chaussures de marche
ballet shoes	(les) ballerines
dancing shoes	(les) chaussons de danse

Clothes

T-shirt	(le) t-shirt
shorts	(le) short
trousers	(le) pantalon
jeans	(le) jeans
sweater	(le) pull
shirt	(la) chemise
suit	(le) costume
dress	(la) robe
skirt	(la) jupe

coat	(le) manteau
anorak	(le) anorak (l'anorak)
jacket	(la) veste
leggings	(le) legging
sweatpants	(le) pantalon de survêtement
tracksuit	(le) survêtement
polo shirt	(la) chemise polo
jersey	(le) maillot
diaper	(la) couche-culotte
wedding dress	(la) robe de mariée
bathrobe	(le) peignoir de bain
cardigan	(le) cardigan
blazer	(le) blazer
raincoat	(le) imperméable (l'imperméable)
evening dress	(la) tenue de soirée
ski suit	(la) combinaison de ski
space suit	(la) combinaison spatiale

Underwear

bra	(le) soutien-gorge
thong	(le) string
panties	(le) slip
underpants	(la) culotte
undershirt	(le) maillot de corps
sock	(la) chaussette
pantyhose	(la) paire de collants
stocking	(les) bas
thermal underwear	(le) sous-vêtement thermique
pyjamas	(le) pyjama
jogging bra	(le) soutien-gorge de sport
negligee	(le) négligé

little black dress	(la) petite robe noire
nightie	(la) chemise de nuit
lingerie	(la) lingerie

Accessory

glasses	(la) paire de lunettes
sunglasses	(la) paire de lunettes de soleil
umbrella	(le) parapluie
ring	(la) bague
earring	(la) boucle d'oreille
wallet	(le) portefeuille
watch	(la) montre
belt	(la) ceinture
handbag	(le) sac à main
glove	(le) gant
scarf	(la) écharpe (l'écharpe)
hat	(le) chapeau
necklace	(le) collier
purse	(le) porte-monnaie
knit cap	(le) bonnet
tie	(la) cravate
bow tie	(le) nœud papillon
baseball cap	(la) casquette
brooch	(la) broche
bracelet	(le) bracelet
pearl necklace	(le) collier de perles
briefcase	(la) mallette
contact lens	(la) lentille de contact
sun hat	(le) chapeau de soleil
sleeping mask	(le) masque de nuit
earplug	(le) bouchon d'oreille

tattoo	(le) tatouage
bib	(la) bavette
shower cap	(le) bonnet de douche
medal	(la) médaille
crown	(la) couronne

Sport

helmet	(le) casque
boxing glove	(le) gant de boxe
fin	(la) palme
swim trunks	(le) maillot
bikini	(le) bikini
swimsuit	(le) maillot de bain
shinpad	(le) protège-tibia
sweatband	(le) bandeau
swim goggles	(la) lunettes de natation
swim cap	(le) bonnet de bain
wetsuit	(la) combinaison de plongée
diving mask	(le) masque de plongée

Hairstyle

curly	bouclé
straight (hair)	droit
bald head	(le) crâne chauve
blond	blond
brunette	brun
ginger	roux
scrunchy	(le) élastique à cheveux (l'élastique à cheveux)
barrette	(la) barrette
dreadlocks	(les) dreadlocks

hair straightener	(le) fer à lisser
dandruff	(les) pellicules
dyed	teint
wig	(la) perruque
ponytail	(la) queue de cheval

Others

button	(le) bouton
zipper	(la) fermeture éclair
pocket	(la) poche
sleeve	(la) manche
collar	(le) col
tape measure	(le) mètre à ruban
mannequin	(le) mannequin
cotton	(le) coton
fabric	(le) tissu
silk	(la) soie
nylon	(le) nylon
polyester	(la) polyester
wool	(la) laine
dress size	(la) taille
changing room	(le) vestiaire

Chemist

Women

perfume	(le) parfum
tampon	(le) tampon
panty liner	(le) protège-slip
face mask	(le) masque de beauté
sanitary towel	(la) serviette hygiénique
curling iron	(le) fer à friser
antiwrinkle cream	(la) crème antirides
pedicure	(la) pédicure
manicure	(la) manucure

Men

razor	(le) rasoir
shaving foam	(la) mousse à raser
shaver	(le) rasoir électrique
condom	(le) préservatif
shower gel	(le) gel douche
nail clipper	(le) coupe-ongles
aftershave	(le) après-rasage (l'après-rasage)
lubricant	(le) lubrifiant
hair gel	(le) gel coiffant
nail scissors	(les) ciseaux à ongles
lip balm	(le) baume pour les lèvres
razor blade	(la) lame de rasoir

Daily Use

| toothbrush | (la) brosse à dents |
| toothpaste | (le) dentifrice |

comb	(le) peigne
tissue	(le) mouchoir en papier
cream (pharmaceutical)	(la) crème
shampoo	(le) shampooing
brush (for cleaning)	(la) brosse à cheveux
body lotion	(la) lotion pour le corps
face cream	(la) crème pour le visage
sunscreen	(la) crème solaire
insect repellent	(le) produit anti-moustique

Cosmetics

lipstick	(le) rouge à lèvres
mascara	(le) mascara
nail polish	(le) vernis à ongles
foundation	(le) fond de teint
nail file	(la) lime à ongles
eye shadow	(le) ombre à paupières (l'ombre à paupières)
eyeliner	(le) eye-liner (l'eye-liner)
eyebrow pencil	(le) crayon à sourcils
facial toner	(le) tonique pour le visage
nail varnish remover	(le) dissolvant
tweezers	(la) pince à épiler
lip gloss	(le) brillant à lèvres
concealer	(le) anti-cernes (l'anti-cernes)
face powder	(la) poudre
powder puff	(la) houppette

City

Shopping

bill	(la) facture
cash register	(la) caisse
basket	(le) panier
market	(le) marché
supermarket	(le) supermarché
pharmacy	(la) pharmacie
furniture store	(le) magasin de meubles
toy shop	(le) magasin de jouets
shopping mall	(le) centre commercial
sports shop	(le) magasin de sport
fish market	(le) marché aux poissons
fruit merchant	(le) marchand de fruits
bookshop	(la) librairie
pet shop	(la) animalerie (l'animalerie)
second-hand shop	(la) friperie
pedestrian area	(la) zone piétonne
square	(la) place
shopping cart	(le) chariot
bar code	(le) code à barres
bargain	(la) bonne affaire
shopping basket	(le) panier
warranty	(la) garantie
bar code scanner	(le) lecteur de code barres

Buildings

house	(la) maison
apartment	(le) appartement (l'appartement)

skyscraper	(le) gratte-ciel
hospital	(le) hôpital (l'hôpital)
farm	(la) ferme
factory	(la) usine (l'usine)
kindergarten	(le) jardin d'enfants
school	(la) école (l'école)
university	(la) université (l'université)
post office	(le) bureau de poste
town hall	(la) mairie
warehouse	(le) entrepôt (l'entrepôt)
church	(la) église (l'église)
mosque	(la) mosquée
temple	(le) temple
synagogue	(la) synagogue
embassy	(la) ambassade (l'ambassade)
cathedral	(la) cathédrale
ruin	(la) ruine
castle	(le) château

Leisure

bar	(le) bar
restaurant	(le) restaurant
gym	(le) centre de fitness
park	(le) parc
bench	(le) banc
fountain	(la) fontaine
tennis court	(le) terrain de tennis
swimming pool (building)	(la) piscine
football stadium	(le) stade de football
golf course	(le) terrain de golf
ski resort	(la) station de ski

botanic garden	(le) jardin botanique
ice rink	(la) patinoire
night club	(la) boîte de nuit

Tourism

museum	(le) musée
casino	(le) casino
tourist information	(la) office du tourisme (l'office du tourisme)
toilet (public)	(les) toilettes
map	(la) carte
souvenir	(le) souvenir
promenade	(la) promenade
tourist attraction	(la) attraction touristique (l'attraction touristique)
tourist guide	(le) guide touristique
monument	(le) monument
national park	(le) parc national
art gallery	(la) galerie d'art

Infrastructure

alley	(la) ruelle
manhole cover	(la) plaque d'égout
dam	(le) barrage
power line	(la) ligne électrique
sewage plant	(la) station d'épuration
avenue	(la) avenue (l'avenue)
hydroelectric power station	(la) centrale hydroélectrique
nuclear power plant	(la) centrale nucléaire
wind farm	(le) champ d'éoliennes

Construction

hammer	(le) marteau
nail	(le) clou
pincers	(les) tenailles
screwdriver	(le) tournevis
drilling machine	(la) perceuse
tape measure	(le) mètre à ruban
brick	(la) brique
putty	(le) couteau de peintre
scaffolding	(le) échafaudage (l'échafaudage)
spirit level	(le) niveau
utility knife	(le) cutter
screw wrench	(la) clé à molette
file	(la) lime
smoothing plane	(le) rabot
safety glasses	(les) lunettes de protection
wire	(le) fil
handsaw	(la) scie à main
insulating tape	(le) chatterton
cement	(le) ciment
inking roller	(le) rouleau à peinture
paint	(la) peinture
pallet	(la) palette
cement mixer	(la) bétonnière
steel beam	(la) poutre en acier
roof tile	(la) tuile
wooden beam	(la) poutre en bois
concrete	(le) béton
asphalt	(le) bitume
tar	(le) goudron
crane	(la) grue

steel	(le) **acier** (l'acier)
varnish	(le) vernis

Kids

slide	(le) **toboggan**
swing	(la) **balançoire**
playground	(la) **aire de jeu** (l'aire de jeu)
zoo	(le) **zoo**
roller coaster	(les) **montagnes russes**
water slide	(le) **toboggan aquatique**
sandbox	(le) **bac à sable**
fairground	(la) **fête foraine**
theme park	(le) **parc d'attractions**
water park	(le) **parc aquatique**
aquarium	(le) **aquarium** (l'aquarium)
carousel	(le) **carrousel**

Ambulance

ambulance	(la) **ambulance** (l'ambulance)
police	(la) **police**
firefighters	(les) **pompiers**
helmet	(le) **casque**
fire extinguisher	(le) **extincteur** (l'extincteur)
fire (emergency)	(le) **feu**
emergency exit (in building)	(la) **sortie de secours**
handcuff	(les) **menottes**
gun	(le) **pistolet**
police station	(le) **poste de police**
hydrant	(la) **bouche d'incendie**
fire alarm	(la) **alarme incendie** (l'alarme incendie)
fire station	(la) **caserne des pompiers**

fire truck	(le) camion de pompiers
siren	(la) sirène
warning light	(le) témoin lumineux
police car	(la) voiture de police
uniform	(le) uniforme (l'uniforme)
baton	(la) matraque

More

village	(le) village
suburb	(la) banlieue
state	(le) état (l'état)
colony	(la) colonie
region	(la) région
district	(le) quartier
territory	(le) territoire
province	(la) province
country	(le) pays
capital	(la) capital
metropolis	(la) métropole
central business district (CBD)	(le) quartier des affaires
industrial district	(la) zone industrielle

Health

Hospital

patient	(le) patient
visitor	(le) visiteur
surgery	(la) opération
waiting room	(la) salle d'attente
outpatient	(le) patient en consultation externe
clinic	(la) clinique
visiting hours	(les) heures de visite
intensive care unit	(les) soins intensifs
emergency room	(le) service d'urgence
appointment	(le) rendez-vous
operating theatre	(la) salle d'opération
canteen	(la) cantine

Medicine

pill	(la) pilule
capsule	(la) capsule
infusion	(la) perfusion
inhaler	(le) inhalateur (l'inhalateur)
nasal spray	(le) spray nasal
painkiller	(le) analgésique (l'analgésique)
Chinese medicine	(la) médecine chinoise
antibiotics	(les) antibiotiques
antiseptic	(le) antiseptique (l'antiseptique)
vitamin	(la) vitamine
powder	(la) poudre
insulin	(la) insuline (l'insuline)
side effect	(le) effet secondaire (l'effet secondaire)

cough syrup	(le) sirop contre la toux
dosage	(le) dosage
expiry date	(la) date d'expiration
sleeping pill	(le) somnifère
aspirin	(le) aspirine (l'aspirine)

Disease

virus	(le) virus
bacterium	(la) bactérie
flu	(la) grippe
diarrhea	(la) diarrhée
heart attack	(la) crise cardiaque
asthma	(le) asthme (l'asthme)
rash	(la) éruption cutanée (l'éruption cutanée)
chickenpox	(la) varicelle
nausea	(la) nausée
cancer	(le) cancer
stroke	(le) accident vasculaire cérébral (AVC) (l'accident vasculaire cérébral (AVC))
diabetes	(le) diabète
epilepsy	(la) épilepsie (l'épilepsie)
measles	(la) rougeole
mumps	(les) oreillons
migraine	(la) migraine

Discomfort

cough	(la) toux
fever	(la) fièvre
headache	(le) mal de tête
stomach ache	(le) mal au ventre
sunburn	(le) coup de soleil

cold (sickness)	(le) rhume
nosebleed	(le) saignement de nez
cramp	(la) crampe
eczema	(le) eczéma (l'eczéma)
high blood pressure	(la) hypertension artérielle (l'hypertension artérielle)
infection	(la) infection (l'infection)
allergy	(la) allergie (l'allergie)
hay fever	(le) rhume des foins
sore throat	(le) mal de gorge
poisoning	(le) empoisonnement (l'empoisonnement)
toothache	(le) mal de dents
caries	(la) carie
hemorrhoid	(les) hémorroïdes

Tools

needle	(la) aiguille (l'aiguille)
syringe (tool)	(la) seringue
bandage	(le) bandage
plaster	(le) pansement
cast	(le) plâtre
crutch	(la) béquille
wheelchair	(le) fauteuil roulant
fever thermometer	(le) thermomètre
dental brace	(le) appareil dentaire (l'appareil dentaire)
neck brace	(la) minerve
stethoscope	(le) stéthoscope
CT scanner	(la) tomodensitométrie
catheter	(le) cathéter
scalpel	(le) scalpel
respiratory machine	(le) respirateur artificiel

blood test	(la) analyse de sang (l'analyse de sang)
ultrasound machine	(le) appareil à ultrasons (l'appareil à ultrasons)
X-ray photograph	(la) radiographie
dental prostheses	(la) prothèses dentaires
dental filling	(le) plombage
spray	(le) aérosol (l'aérosol)
magnetic resonance imaging	(la) imagerie par résonance magnétique (l'imagerie par résonance magnétique)

Accident

injury	(la) blessure
accident	(le) accident (l'accident)
wound	(la) plaie
pulse	(le) pouls
fracture	(la) fracture
bruise	(le) bleu
burn	(la) brûlure
bite	(la) morsure
electric shock	(la) décharge électrique
suture	(la) suture
concussion	(la) commotion cérébrale
head injury	(la) blessure à la tête
emergency	(la) urgence (l'urgence)

Departments

cardiology	(la) cardiologie
orthopaedics	(la) orthopédie (l'orthopédie)
gynaecology	(la) gynécologie
radiology	(la) radiologie
dermatology	(la) dermatologie

paediatrics	(la) pédiatrie
psychiatry	(la) psychiatrie
surgery	(la) chirurgie
urology	(la) urologie (l'urologie)
neurology	(la) neurologie
endocrinology	(la) endocrinologie
pathology	(la) pathologie
oncology	(la) oncologie (l'oncologie)

Therapy

massage	(le) massage
meditation	(la) méditation
acupuncture	(la) acupuncture (l'acupuncture)
physiotherapy	(la) physiothérapie
hypnosis	(la) hypnose (l'hypnose)
homoeopathy	(la) homéopathie (l'homéopathie)
aromatherapy	(la) aromathérapie (l'aromathérapie)
group therapy	(la) thérapie de groupe
psychotherapy	(la) psychothérapie
feng shui	(le) feng shui
hydrotherapy	(la) hydrothérapie (l'hydrothérapie)
behaviour therapy	(la) thérapie comportementale
psychoanalysis	(la) psychanalyse
family therapy	(la) thérapie familiale

Pregnancy

birth control pill	(la) pilule contraceptive
pregnancy test	(le) test de grossesse
foetus	(le) fœtus
embryo	(le) embryon (l'embryon)
womb	(le) utérus (l'utérus)

delivery	(le) accouchement (l'accouchement)
miscarriage	(la) fausse couche
cesarean	(la) césarienne
episiotomy	(la) épisiotomie (l'épisiotomie)

Business

Company

office	(le) bureau
meeting room	(la) salle de réunion
business card	(la) carte de visite
employee	(le) employé (l'employé)
employer	(le) employeur (l'employeur)
colleague	(le) collègue
staff	(le) personnel
salary	(le) salaire
insurance	(la) assurance (l'assurance)
department	(le) département
sales	(les) ventes
marketing	(le) marketing
accounting	(la) comptabilité
legal department	(le) service juridique
human resources	(les) ressources humaines
IT	(le) service informatique
stress	(le) stress
business dinner	(le) dîner d'affaires
business trip	(le) voyage d'affaires
tax	(le) impôt (l'impôt)

Office

letter (post)	(la) lettre
envelope	(la) enveloppe (l'enveloppe)
stamp	(le) timbre
address	(la) adresse (l'adresse)
zip code	(le) code postal

parcel	(le) colis
fax	(le) fax
text message	(le) texto
voice message	(le) message vocal
bulletin board	(le) tableau d'affichages
flip chart	(le) tableau de conférence
projector	(le) rétroprojecteur
rubber stamp	(le) timbre
clipboard	(le) porte-bloc
folder (physical)	(le) classeur
lecturer	(le) maître de conférences
presentation	(la) présentation
note (information)	(la) note

Jobs (1)

doctor	(le) médecin
policeman	(le) policier
firefighter	(le) pompier
nurse	(la) infirmière (l'infirmière)
pilot	(le) pilote
stewardess	(la) hôtesse (l'hôtesse)
architect	(le) architecte (l'architecte)
manager	(le) supérieur
secretary	(la) secrétaire
general manager	(le) directeur général
director	(le) directeur
chairman	(le) président
judge	(le) juge
assistant	(le) assistant (l'assistant)
prosecutor	(le) procureur
lawyer	(le) avocat (l'avocat)

consultant	(le) consultant
accountant	(le) comptable
stockbroker	(le) agent de change (l'agent de change)
librarian	(le) bibliothécaire
teacher	(le) professeur
kindergarten teacher	(la) enseignante à la maternelle (l'enseignante à la maternelle)
scientist	(le) scientifique
professor	(le) professeur
physicist	(le) physicien
programmer	(le) programmeur
politician	(le) politicien
intern	(le) stagiaire
captain	(le) capitaine
entrepreneur	(le) entrepreneur (l'entrepreneur)
chemist	(le) chimiste
dentist	(le) dentiste
chiropractor	(le) chiropracteur
detective	(le) détective
pharmacist	(le) pharmacien
vet	(le) vétérinaire
midwife	(la) sage-femme
surgeon	(le) chirurgien
physician	(le) généraliste
prime minister	(le) premier ministre
minister	(le) ministre
president (of a state)	(le) président

Jobs (2)

cook	(le) cuisinier
waiter	(le) serveur

barkeeper	(le) barman
farmer	(le) agriculteur (l'agriculteur)
lorry driver	(le) chauffeur poids lourd
train driver	(le) conducteur de train
hairdresser	(le) coiffeur
butcher	(le) boucher
travel agent	(le) agent de voyage (l'agent de voyage)
real-estate agent	(le) agent immobilier (l'agent immobilier)
jeweller	(le) bijoutier
tailor	(le) tailleur
cashier	(le) caissier
postman	(le) facteur
receptionist	(le) réceptionniste
construction worker	(le) constructeur
carpenter	(le) charpentier
electrician	(le) électricien (l'électricien)
plumber	(le) plombier
mechanic	(le) mécanicien
cleaner	(le) agent d'entretien (l'agent d'entretien)
gardener	(le) jardinier
fisherman	(le) pêcheur
florist	(le) fleuriste
shop assistant	(le) vendeur
optician	(le) opticien (l'opticien)
soldier	(le) soldat
security guard	(le) agent de sécurité (l'agent de sécurité)
bus driver	(le) chauffeur
taxi driver	(le) chauffeur de taxi
conductor	(le) conducteur
apprentice	(le) apprenti (l'apprenti)
landlord	(le) propriétaire

bodyguard	(le) garde du corps

Jobs (3)

priest	(le) prêtre
nun	(la) religieuse
monk	(le) moine
photographer	(le) photographe
coach (sport)	(le) entraîneur (l'entraîneur)
cheerleader	(la) pom-pom girl
referee	(le) arbitre (l'arbitre)
reporter	(le) journaliste
actor	(le) acteur (l'acteur)
musician	(le) musicien
conductor	(le) chef d'orchestre
singer	(le) chanteur
artist	(le) artiste (l'artiste)
designer	(le) designer
model	(le) mannequin
DJ	(le) DJ
tour guide	(le) guide touristique
lifeguard	(le) maître nageur
physiotherapist	(le) physiothérapeute
masseur	(le) masseur
anchor	(le) présentateur
host	(le) animateur (l'animateur)
commentator	(le) commentateur
camera operator	(le) cameraman
engineer	(le) ingénieur (l'ingénieur)
thief	(le) voleur
criminal	(le) criminel
dancer	(le) danseur

journalist	(le) journaliste
prostitute	(la) prostituée
author	(le) auteur (l'auteur)
air traffic controller	(le) contrôleur aérien
director	(le) réalisateur
mufti	(le) mufti
rabbi	(le) rabbin

Technology

e-mail	(le) e-mail (l'e-mail)
telephone	(le) téléphone
smartphone	(le) smartphone
e-mail address	(la) adresse e-mail (l'adresse e-mail)
website	(le) site internet
telephone number	(le) numéro de téléphone
file	(le) fichier
folder (computer)	(le) dossier
app	(la) appli (l'appli)
laptop	(le) ordinateur portable (l'ordinateur portable)
screen (computer)	(le) écran (l'écran)
printer	(la) imprimante (l'imprimante)
scanner	(le) scanner
USB stick	(la) clé USB
hard drive	(le) disque dur
central processing unit (CPU)	(la) unité centrale (l'unité centrale)
random access memory (RAM)	(la) mémoire vive (RAM)
keyboard (computer)	(le) clavier
mouse (computer)	(la) souris
earphone	(le) écouteur (l'écouteur)
mobile phone	(le) téléphone portable
webcam	(la) webcam

server	(le) serveur
network	(le) réseau
browser	(le) navigateur
inbox	(la) boîte de réception
url	(la) URL (l'URL)
icon	(la) icône (l'icône)
scrollbar	(la) barre de défilement
recycle bin	(la) poubelle
chat	(le) chat
social media	(les) réseaux sociaux
signal (of phone)	(le) signal
database	(la) base de données

Law

law	(la) loi
fine	(la) amende (l'amende)
prison	(la) prison
court	(le) tribunal
jury	(les) jurés
witness	(le) témoin
defendant	(le) défendeur
case	(la) affaire
evidence	(la) preuve
suspect	(le) suspect
fingerprint	(la) empreinte digitale (l'empreinte digitale)
paragraph	(le) paragraphe

Bank

money	(le) argent (l'argent)
coin	(la) pièce de monnaie
note (money)	(le) billet

credit card	(la) carte de crédit
cash machine	(le) distributeur de billets
signature	(la) signature
dollar	(le) dollar
euro	(le) euro (l'euro)
pound	(la) livre sterling
bank account	(le) compte bancaire
password	(le) mot de passe
account number	(le) numéro de compte
amount	(le) montant
cheque	(le) chèque
customer	(le) client
savings	(le) épargne (l'épargne)
loan	(le) prêt
interest	(les) intérêts
bank transfer	(le) virement bancaire
yuan	(le) yuan
yen	(le) yen
krone	(la) couronne
dividend	(le) dividende
share	(la) action (l'action)
share price	(le) cours de l'action
stock exchange	(la) bourse des valeurs
investment	(le) investissement (l'investissement)
portfolio	(le) portefeuille
profit	(le) profit
loss	(la) perte

Things

Sport

basketball	(le) ballon de basket
football	(le) ballon de football
goal	(le) but
tennis racket	(la) raquette de tennis
tennis ball	(la) balle de tennis
net	(le) filet
cup (trophy)	(la) coupe
medal	(la) médaille
swimming pool (competition)	(la) piscine
football	(le) ballon de football américain
bat	(la) batte de base-ball
mitt	(le) gant de base-ball
gold medal	(la) médaille d'or
silver medal	(la) médaille d'argent
bronze medal	(la) médaille de bronze
shuttlecock	(le) volant
golf club	(le) club de golf
golf ball	(la) balle de golf
stopwatch	(le) chronomètre
trampoline	(le) trampoline
boxing ring	(le) ring de boxe
mouthguard	(le) protège-dents
surfboard	(la) planche de surf
ski	(le) ski
ski pole	(le) bâton de ski
sledge	(le) traîneau
parachute	(le) parachute
cue	(la) queue

bowling ball	(la) boule de bowling
snooker table	(la) table de billard
saddle	(la) selle
whip	(la) cravache
hockey stick	(la) crosse de hockey
basket	(le) panier
world record	(le) record du monde
table tennis table	(la) table de ping-pong
puck	(le) palet

Technology

robot	(le) robot
radio	(la) radio
loudspeaker	(le) haut-parleur
cable	(le) câble
plug	(la) prise mâle
camera	(le) appareil photo (l'appareil photo)
MP3 player	(le) lecteur MP3
CD player	(le) lecteur CD
DVD player	(le) lecteur DVD
record player	(le) tourne-disque
camcorder	(le) caméscope
power	(le) courant
flat screen	(le) écran plat (l'écran plat)
flash	(le) flash
tripod	(le) trépied
instant camera	(le) polaroïd
generator	(le) générateur
digital camera	(le) appareil photo numérique (l'appareil photo numérique)
walkie-talkie	(le) talkie-walkie

Home

key	(la) clé
torch	(la) torche
candle	(la) bougie
bottle	(la) bouteille
tin	(la) boite de conserve
vase	(le) vase
present (gift)	(le) cadeau
match	(la) allumette (l'allumette)
lighter	(le) briquet
key chain	(le) porte-clés
water bottle	(la) bouteille d'eau
thermos jug	(la) thermos
rubber band	(le) élastique (lélastique)
birthday party	(la) fête d'anniversaire
birthday cake	(le) gâteau d'anniversaire
pushchair	(la) poussette
soother	(la) tétine
baby bottle	(le) biberon
hot-water bottle	(la) bouillotte
rattle	(le) hochet
family picture	(la) photo de famille
jar	(le) bocal
bag	(le) sac
package	(le) paquet
plastic bag	(le) sac en plastique
picture frame	(le) cadre photo

Games

doll	(la) poupée
dollhouse	(la) maison de poupées

puzzle	(le) puzzle
dominoes	(les) dominos
Monopoly	(le) Monopoly
Tetris	Tetris
bridge	(le) bridge
darts	(le) jeu de fléchettes
card game	(le) jeu de cartes
board game	(le) jeu de société
backgammon	(le) backgammon
draughts	(les) dames

Others

cigarette	(la) cigarette
cigar	(le) cigare
compass	(la) boussole
angel	(le) ange (l'ange)

Phrases

Personal

I	je
you (singular)	tu
he	il
she	elle
we	nous
you (plural)	vous
they	ils
my dog	mon chien
your cat	votre chat
her dress	sa robe
his car	sa voiture
our home	notre maison
your team	votre équipe
their company	leur entreprise
everybody	tout le monde
together	ensemble
other	autre

Common

and	et
or	ou
very	très
all	tous
none	aucun
that	ça
this	cette
not	pas
more	plus

most	le plus
less	moins
because	parce que
but	mais
already	déjà
again	encore
really	vraiment
if	si
although	bien que
suddenly	soudainement
then	puis
actually	en fait
immediately	immédiatement
often	souvent
always	toujours
every	tous

Phrases

hi	salut
hello	bonjour
good day	bonne journée
bye bye	au revoir
good bye	au revoir
see you later	à plus tard
please	S'il vous plaît
thank you	merci
sorry	désolé
no worries	pas de soucis
don't worry	ne t'inquiètes pas
take care	prends soin de toi
ok	d'accord
cheers	Santé

welcome	bienvenue
excuse me	excusez-moi
of course	bien sûr
I agree	je suis d'accord
relax	se détendre
doesn't matter	Ça n'a pas d'importance
I want this	Je veux ça
Come with me	Viens avec moi
go straight	Va tout droit
turn left	tourne à gauche
turn right	tourne à droite

Questions

who	qui
where	où
what	quoi
why	pourquoi
how	comment
which	lequel
when	quand
how many?	combien ?
how much?	combien ?
How much is this?	Combien ça coûte ?
Do you have a phone?	As-tu un téléphone ?
Where is the toilet?	Où sont les toilettes ?
What's your name?	Quel est ton nom ?
Do you love me?	Est-ce que tu m'aimes ?
How are you?	comment ça va ?
Are you ok?	Ça va ?
Can you help me?	Pouvez-vous m'aider ?

Sentences

I like you	Je t'aime bien
I love you	Je t'aime
I miss you	Tu me manques
I don't like this	Je n'aime pas ça
I have a dog	J'ai un chien
I know	je sais
I don't know	Je ne sais pas
I don't understand	Je ne comprends pas
I want more	Je veux plus
I want a cold coke	Je veux un coca froid
I need this	J'ai besoin de ça
I want to go to the cinema	Je veux aller au cinéma
I am looking forward to seeing you	Je me réjouis de te voir
Usually I don't eat fish	Habituellement, je ne mange pas de poisson
You definitely have to come	Tu dois définitivement venir
This is quite expensive	Ceci est assez cher
Sorry, I'm a little late	Désolé, je suis un peu en retard
My name is David	Je m'appelle David
I'm David, nice to meet you	Je suis David, enchanté
I'm 22 years old	J'ai 22 ans
This is my girlfriend Anna	C'est ma petite amie Anna
Let's watch a film	Regardons un film
Let's go home	Rentrons à la maison
My telephone number is one four three two eight seven five four three	Mon numéro de téléphone est le quatre trois deux huit sept cinq quatre trois
My email address is david at pinhok dot com	Mon adresse e-mail est david arobase pinhok point com
Tomorrow is Saturday	Demain c'est samedi
Silver is cheaper than gold	L'argent est moins cher que l'or
Gold is more expensive than silver	L'or est plus cher que l'argent

English - French

A

above: au-dessus
acacia: (le) acacia (l'acacia)
accident: (le) accident (l'accident)
accordion: (le) accordéon (l'accordéon)
accountant: (le) comptable
accounting: (la) comptabilité
account number: (le) numéro de compte
Achilles tendon: (le) tendon d'Achille
actinium: (le) actinium (l'actinium)
actor: (le) acteur (l'acteur)
actually: en fait
acupuncture: (la) acupuncture (l'acupuncture)
addition: (la) addition (l'addition)
address: (la) adresse (l'adresse)
adhesive tape: (le) ruban adhésif
advertisement: (la) publicité
aerobics: (la) aérobic (l'aérobic)
Afghanistan: (la) Afghanistan (l'Afghanistan)
afternoon: (la) après-midi (l'après-midi)
aftershave: (le) après-rasage (l'après-rasage)
again: encore
airbag: (le) airbag (l'airbag)
air conditioner: (le) climatiseur
aircraft carrier: (le) porte-avions
airline: (la) compagnie aérienne
air mattress: (le) matelas gonflable
airport: (le) aéroport (l'aéroport)
air pressure: (la) pression atmosphérique
air pump: (la) pompe à air
air traffic controller: (le) contrôleur aérien
aisle: (le) couloir
alarm clock: (le) réveil
Albania: (la) Albanie (l'Albanie)
Algeria: (la) Algérie (l'Algerie)
all: tous
allergy: (la) allergie (l'allergie)
alley: (la) ruelle
almond: (la) amande (l'amande)
alphabet: (le) alphabet (l'alphabet)
already: déjà
although: bien que
aluminium: (le) aluminium (l'aluminium)
always: toujours
Amazon: (le) Amazone (l'Amazone)
ambulance: (la) ambulance (l'ambulance)
American football: (le) football américain
American Samoa: (les) Samoa américaines
americium: (le) américium (l'américium)
amount: (le) montant
ampere: (le) ampère (l'ampère)
anchor: (la) ancre (l'ancre), (le) présentateur

and: et
Andes: (les) Andes
Andorra: (la) Andorre (l'Andorre)
angel: (le) ange (l'ange)
angle: (le) angle (l'angle)
Angola: (le) Angola (l'Angola)
angry: furieux (furieuse, furieux, furieuses)
ankle: (la) cheville
anorak: (le) anorak (l'anorak)
answer: répondre (réponds, répondu, répondant)
ant: (la) fourmi
ant-eater: (le) fourmilier
antibiotics: (les) antibiotiques
antifreeze fluid: (le) antigel (l'antigel)
Antigua and Barbuda: (la) Antigua-et-Barbuda (l'Antigua-et-Barbuda)
antimony: (le) antimoine (l'antimoine)
antiseptic: (le) antiseptique (l'antiseptique)
antiwrinkle cream: (la) crème antirides
anus: (le) anus (l'anus)
apartment: (le) appartement (l'appartement)
apostrophe: (la) apostrophe (l'apostrophe)
app: (la) appli (l'appli)
appendix: (le) appendice (l'appendice)
apple: (la) pomme
apple juice: (le) jus de pomme
apple pie: (la) tarte aux pommes
appointment: (le) rendez-vous
apprentice: (le) apprenti (l'apprenti)
apricot: (le) abricot (l'abricot)
April: avril
aquarium: (le) aquarium (l'aquarium)
Arabic: (le) arabe (l'arabe)
archery: (le) tir à l'arc
architect: (le) architecte (l'architecte)
area: (la) aire (l'aire)
Are you ok?: Ça va?
Argentina: (la) Argentine (l'Argentine)
argon: (le) argon (l'argon)
argue: se disputer (me dispute, s'être disputé, se disputant)
arithmetic: (la) arithmétique (l'arithmétique)
arm: (le) bras
Armenia: (la) Arménie (l'Armanie)
aromatherapy: (la) aromathérapie (l'aromathérapie)
arrival: (la) arrivée (l'arrivée)
arsenic: (le) arsenic
art: (le) art (l'art)
artery: (la) artère (l'artère)
art gallery: (la) galerie d'art
artichoke: (le) artichaut (l'artichaut)
article: (le) article (l'article)
artist: (le) artiste (l'artiste)
Aruba: (la) Aruba (l'Aruba)
ash: (la) cendre
ask: demander (demande, avoir demandé, demandant)
asphalt: (le) bitume
aspirin: (le) aspirine (l'aspirine)
assistant: (le) assistant (l'assistant)
astatine: (le) astate (l'astate)

asteroid: (le) astéroïde (l'astéroïde)
asthma: (le) asthme (l'asthme)
Atlantic Ocean: (le) océan Atlantique (l'océan Atlantique)
atmosphere: (la) atmosphère (l'atmosphère)
atom: (le) atome (l'atome)
atomic number: (le) nombre atomique
attack: attaquer (attaque, avoir attaqué, attaquant)
attic: (le) grenier
aubergine: (la) aubergine (l'aubergine)
audience: (le) public
August: août
aunt: (la) tante
aurora: (la) aurore (l'aurore)
Australia: (la) Australie (l'Australie)
Australian football: (le) football australien
Austria: (la) Autriche (l'Autriche)
author: (le) auteur (l'auteur)
automatic: (la) automatique (l'automatique)
autumn: (le) automne (l'automne)
avenue: (la) avenue (l'avenue)
avocado: (le) avocat (l'avocat)
axe: (la) hache
Azerbaijan: (le) Azerbaïdjan (l'Azerbaïdjan)

B

baby: (le) bébé
baby bottle: (le) biberon
baby monitor: (le) babyphone
bachelor: (la) licence
back: (le) dos , arrière (arrière, arrières, arrières)
backgammon: (le) backgammon
backpack: (le) sac à dos
back seat: (la) banquette arrière
bacon: (le) lard
bacterium: (la) bactérie
bad: mauvais (mauvaise, mauvais, mauvaises)
badminton: (le) badminton
bag: (le) sac
Bahrain: (le) Bahreïn
bake: faire de la pâtisserie (fais, avoir fait, faisant)
baked beans: (les) haricots blancs à la sauce tomate
baking powder: (la) levure chimique
balcony: (le) balcon
bald head: (le) crâne chauve
ballet: (le) ballet
ballet shoes: (les) ballerines
ball pen: (le) stylo à bille
Ballroom dance: (la) danse de salon
bamboo: (le) bambou
banana: (la) banane
bandage: (le) bandage
Bangladesh: (le) Bangladesh
bank account: (le) compte bancaire
bank transfer: (le) virement bancaire
bar: (le) bar
Barbados: (la) Barbade

barbecue: (le) barbecue
barbell: (la) barre à disques
bar code: (le) code à barres
bar code scanner: (le) lecteur de code barres
bargain: (la) bonne affaire
barium: (le) baryum
barkeeper: (le) barman
barrette: (la) barrette
baseball: (le) baseball
baseball cap: (la) casquette
basement: (le) sous-sol
basil: (le) basilic
basin: (le) lavabo
basket: (le) panier
basketball: (le) basketball , (le) ballon de basket
bass guitar: (la) basse
bassoon: (le) basson
bat: (la) chauve-souris , (la) batte de base-ball
bathrobe: (le) peignoir de bain
bathroom: (la) salle de bain
bathroom slippers: (les) pantoufles de bain
bath towel: (la) serviette de bain
bathtub: (la) baignoire
baton: (la) matraque
battery: (la) batterie
beach: (la) plage
beach volleyball: (le) beach-volley
bean: (le) haricot
bear: (le) ours (l'ours)
beard: (la) barbe
beautiful: beau (belle, beaux, belles)
because: parce que
bed: (le) lit
bedroom: (la) chambre à coucher
bedside lamp: (la) lampe de chevet
bee: (la) abeille (l'abeille)
beech: (le) hêtre
beef: (le) bœuf
beer: (la) bière
behaviour therapy: (la) thérapie comportementale
beige: beige (beige, beiges, beiges)
Beijing duck: (le) canard laqué
Belarus: (la) Biélorussie
Belgium: (la) Belgique
Belize: (le) Belize
bell: (la) cloche
belly: (le) ventre
belly button: (le) nombril
below: dessous
belt: (la) ceinture
bench: (le) banc
bench press: (le) développé-couché
Benin: (le) Bénin
berkelium: (le) berkélium
beryllium: (le) béryllium
beside: à côté de
bet: parier (parie, avoir parié, pariant)
Bhutan: (le) Bhoutan

biathlon: (le) biathlon
bib: (la) bavette
bicycle: (le) vélo
big: grand (grande, grands, grandes)
big brother: (le) grand frère
big sister: (la) grande sœur
bikini: (le) bikini
bill: (la) facture
billiards: (le) billard
biology: (la) biologie
birch: (le) bouleau
birth: (la) naissance
birth certificate: (le) certificat de naissance
birth control pill: (la) pilule contraceptive
birthday: (le) anniversaire (l'anniversaire)
birthday cake: (le) gâteau d'anniversaire
birthday party: (la) fête d'anniversaire
biscuit: (le) biscuit
bismuth: (le) bismuth
bison: (le) bison
bite: mordre (mords, avoir mordu, mordant), (la) morsure
black: noir (noire, noirs, noires)
blackberry: (la) mûre
blackboard: (le) tableau noir
black hole: (le) trou noir
Black Sea: (la) mer Noire
black tea: (le) thé noir
bladder: (la) vessie
blanket: (la) couverture
blazer: (le) blazer
blind: aveugle (aveugle, aveugles, aveugles), (le) store
blond: blond
blood test: (la) analyse de sang (l'analyse de sang)
bloody: sanglant (sanglante, sanglants, sanglantes)
blossom: (la) fleur
blue: bleu (bleue, bleus, bleues)
blueberry: (la) myrtille
blues: (le) blues
board game: (le) jeu de société
bobsleigh: (le) bobsleigh
bodybuilding: (le) culturisme
bodyguard: (le) garde du corps
body lotion: (la) lotion pour le corps
bohrium: (le) bohrium
boil: bouillir (bous, avoir bouilli, bouillant)
boiled: bouilli (bouillie, bouillis, bouillies)
boiled egg: (le) œuf à la coque (l'œuf à la coque)
Bolivia: (la) Bolivie
bone: (le) os (l'os)
bone marrow: (la) moelle osseuse
bonnet: (le) capot
book: (le) livre
booking: (la) réservation
bookshelf: (la) étagère à livres (l'étagère à livres)
bookshop: (la) librairie
boring: ennuyeux (ennuyeuse, ennuyeux, ennuyeuses)
boron: (le) bore
Bosnia: (la) Bosnie

bosom: (le) sein
botanic garden: (le) jardin botanique
Botswana: (le) Botswana
bottle: (la) bouteille
bottom: (les) fesses
bowl: (le) bol
bowling: (le) bowling
bowling ball: (la) boule de bowling
bow tie: (le) nœud papillon
boxing: (la) boxe
boxing glove: (le) gant de boxe
boxing ring: (le) ring de boxe
boy: (le) garçon
boyfriend: (le) petit ami
bra: (le) soutien-gorge
bracelet: (le) bracelet
brain: (le) cerveau
brake: (le) frein
brake light: (le) feu de freinage
branch: (la) branche
brandy: (le) brandy
brave: courageux (courageuse, courageux, courageuses)
Brazil: (le) Brésil
bread: (le) pain
breakdance: (le) breakdance
breakfast: (le) petit déjeuner
breastbone: (le) sternum
breathe: respirer (respire, avoir respiré, respirant)
brick: (la) brique
bride: (la) mariée
bridge: (le) pont , (le) bridge
briefcase: (la) mallette
broad: large (large, larges, larges)
broccoli: (le) brocoli
bromine: (le) brome
bronze medal: (la) médaille de bronze
brooch: (la) broche
broom: (le) balai
brother-in-law: (le) beau-frère
brown: brun (brune, bruns, brunes)
brownie: (le) brownie
browser: (le) navigateur
bruise: (le) bleu
Brunei: (la) Brunei
brunette: brun
brush: (le) pinceau , (la) brosse à cheveux
Brussels sprouts: (le) choux de Bruxelles
bucket: (le) seau
buffalo: (le) buffle
buffet: (le) buffet
bug: (le) coléoptère
Bulgaria: (la) Bulgarie
bull: (le) taureau
bulletin board: (le) tableau d'affichages
bumblebee: (le) bourdon
bumper: (le) pare-chocs
bungee jumping: (le) saut à l'élastique
bunk bed: (le) lit superposé

burger: (le) burger
Burkina Faso: (le) Burkina-Faso
Burma: (la) Birmanie
burn: brûler (brûle, avoir brûlé, brûlant), (la) brûlure
Burundi: (le) Burundi
bus: (le) bus
bus driver: (le) chauffeur
bush: (le) buisson
business card: (la) carte de visite
business class: (la) classe affaires
business dinner: (le) dîner d'affaires
business school: (la) école de commerce
business trip: (le) voyage d'affaires
bus stop: (le) arrêt de bus (l'arrêt de bus)
busy: occupé (occupée, occupés, occupées)
but: mais
butcher: (le) boucher
butter: (le) beurre
buttercup: (le) bouton d'or
butterfly: (le) papillon
buttermilk: (le) babeurre
button: (le) bouton
buy: acheter (achète, avoir acheté, achetant)
bye bye: au revoir

C

cabbage: (le) chou
cabin: (la) cabine
cable: (le) câble
cable car: (le) téléphérique
cactus: (le) cactus
cadmium: (le) cadmium
caesium: (le) césium
cake: (le) gâteau
calcite: (la) calcite
calcium: (le) calcium
calculate: calculer (calcule, avoir calculé, calculant)
calendar: (le) calendrier
californium: (le) californium
call: téléphoner à (téléphone, avoir téléphoné, téléphonant)
Cambodia: (le) Cambodge
camcorder: (le) caméscope
camel: (le) chameau
camera: (le) appareil photo (l'appareil photo)
camera operator: (le) cameraman
Cameroon: (le) Cameroun
campfire: (le) feu de camp
camping: (le) camping
camping site: (le) terrain de camping
Canada: (le) Canada
cancer: (le) cancer
candle: (la) bougie
candy: (le) bonbon
candy floss: (la) barbe à papa
canoe: (le) canoë
canoeing: (le) canoë-kayak

canteen: (la) cantine
canyon: (le) canyon
Can you help me?: Pouvez-vous m'aider ?
Cape Verde: (le) Cap-Vert
capital: (la) capital
cappuccino: (le) cappuccino
capsule: (la) capsule
captain: (le) capitaine
car: (la) voiture
caramel: (le) caramel
caravan: (la) caravane
carbon: (le) carbone
carbon dioxide: (le) dioxyde de carbone
carbon monoxide: (le) monoxyde de carbone
card game: (le) jeu de cartes
cardigan: (le) cardigan
cardiology: (la) cardiologie
cargo aircraft: (le) avion cargo (l'avion cargo)
caricature: (la) caricature
caries: (la) carie
carousel: (le) carrousel
car park: (le) parking
carpenter: (le) charpentier
carpet: (le) tapis
car racing: (la) course automobile
carrot: (la) carotte
carry: porter (porte, avoir porté, portant)
carry-on luggage: (le) bagage à main
cartilage: (le) cartilage
cartoon: (le) dessin animé
car wash: (la) station de lavage
case: (la) affaire
cashew: (la) noix de cajou
cashier: (le) caissier
cash machine: (le) distributeur de billets
cash register: (la) caisse
casino: (le) casino
cast: (la) distribution , (le) plâtre
castle: (le) château
cat: (le) chat
catch: attraper (attrape, avoir attrapé, attrapant)
caterpillar: (la) chenille
cathedral: (la) cathédrale
catheter: (le) cathéter
cauliflower: (le) chou-fleur
cave: (la) grotte
Cayman Islands: (les) Îles Caïmans
CD player: (le) lecteur CD
ceiling: (le) plafond
celebrate: célébrer (célébre, avoir célébré, célébrant)
celery: (le) céleri
cello: (le) violoncelle
cement: (le) ciment
cement mixer: (la) bétonnière
cemetery: (le) cimetière
centigrade: (le) centigrade
centimeter: (le) centimètre
Central African Republic: (la) République Centrafricaine

central business district (CBD): (le) quartier des affaires
central processing unit (CPU): (la) unité centrale (l'unité centrale)
century: (le) siècle
cereal: (la) céréale
cerium: (le) cérium
cesarean: (la) césarienne
cha-cha: (le) Cha-cha
Chad: (le) Tchad
chain: (la) chaîne
chainsaw: (la) scie à moteur
chair: (la) chaise
chairman: (le) président
chalk: (la) craie
chameleon: (le) caméléon
champagne: (le) champagne
changing room: (le) vestiaire
channel: (la) chaîne
character: (le) caractère
chat: (le) chat
cheap: pas cher (chère, chers, chères)
check-in desk: (le) comptoir d'enregistrement
cheek: (la) joue
cheerleader: (la) pom-pom girl
cheers: Santé
cheese: (le) fromage
cheeseburger: (le) cheeseburger
cheesecake: (le) gâteau au fromage
cheetah: (le) guépard
chemical compound: (le) composé chimique
chemical reaction: (la) réaction chimique
chemical structure: (la) structure chimique
chemist: (le) chimiste
chemistry: (la) chimie
cheque: (le) chèque
cherry: (la) cerise
chess: (les) échecs
chest: (la) poitrine
chewing gum: (le) chewing-gum
chick: (le) poussin
chicken: (la) poule , (le) poulet
chicken nugget: (le) nugget de poulet
chickenpox: (la) varicelle
chicken wings: (les) ailes de poulet
child: (le) enfant (l'enfant)
child seat: (le) siège d'enfant
Chile: (le) Chili
chili: (le) piment
chimney: (la) cheminée
chin: (le) menton
China: (la) Chine
Chinese medicine: (la) médecine chinoise
chips: (les) chips
chiropractor: (le) chiropracteur
chive: (la) ciboulette
chlorine: (le) chlore
chocolate: (le) chocolat
chocolate cream: (la) pâte à tartiner au chocolat
choose: choisir (choisis, avoir choisi, choisissant)

chopping board: (la) planche à découper
chopstick: (la) baguette
Christmas: Noël
chromium: (le) chrome
chubby: joufflu (joufflue, joufflus, joufflues)
church: (la) église (l'église)
cider: (le) cidre
cigar: (le) cigare
cigarette: (la) cigarette
cinema: (le) cinéma
cinnamon: (la) cannelle
circle: (le) cercle
circuit training: (le) entrainement en circuit (l'entrainement en circuit)
clarinet: (la) clarinette
classical music: (la) musique classique
classic car: (la) voiture de collection
clay: (la) argile (l'argile)
clean: propre (propre, propres, propres), nettoyer (nottoie, avoir nettoyé, nettoyant)
cleaner: (le) agent d'entretien (l'agent d'entretien)
clef: (la) clef
clever: intelligent (intelligente, intelligents, intelligentes)
cliff: (la) falaise
cliff diving: (le) plongeon de falaise
climb: grimper (grimpe, avoir grimpé, grimpant)
climbing: (la) escalade (l'escalade)
clinic: (la) clinique
clipboard: (le) porte-bloc
clitoris: (le) clitoris
clock: (la) horloge (l'horloge)
close: près , fermer (ferme, avoir fermé, fermant)
cloud: (le) nuage
cloudy: nuageux (nuageuse, nuageux, nuageuses)
clover: (le) trèfle
clutch: (le) embrayage (l'embrayage)
coach: (le) entraîneur (l'entraîneur)
coal: (le) charbon
coast: (la) côte
coat: (le) manteau
cobalt: (le) cobalt
cockerel: (le) coq
cockpit: (la) cabine de pilotage
cocktail: (le) cocktail
coconut: (la) noix de coco
coffee: (le) café
coffee machine: (la) cafetière
coffee table: (la) table basse
coffin: (le) cercueil
coin: (la) pièce de monnaie
coke: (le) coca
cold: froid (froide, froids, froides), (le) rhume
collar: (le) col
collarbone: (la) clavicule
colleague: (le) collègue
Colombia: (la) Colombie
colon: (le) côlon , (les) deux-points
colony: (la) colonie
coloured pencil: (le) crayon de couleur
comb: (le) peigne

combine harvester: (la) moissonneuse-batteuse
come: venir (viens, être venu, venant)
comedy: (la) comédie
comet: (la) comète
Come with me: Viens avec moi
comic book: (la) bande dessinée
comma: (la) virgule
commentator: (le) commentateur
Comoros: (les) Comores
compass: (la) boussole
concealer: (le) anti-cernes (l'anti-cernes)
concert: (le) concert
concrete: (le) béton
concrete mixer: (la) bétonnière
concussion: (la) commotion cérébrale
condom: (le) préservatif
conductor: (le) conducteur , (le) chef d'orchestre
cone: (le) cône
construction site: (le) chantier de construction
construction worker: (le) constructeur
consultant: (le) consultant
contact lens: (la) lentille de contact
container: (le) conteneur
container ship: (le) porte-conteneurs
content: (le) contenu
continent: (le) continent
control tower: (la) tour de contrôle
cook: cuire (cuis, avoir cuit, cuisant), (le) cuisinier
cooker: (la) cuisinière
cooker hood: (la) hotte
cookie: (le) biscuit
Cook Islands: (les) Îles Cook
cool: cool (coole, cools, cooles)
copernicium: (le) copernicium
copper: (le) cuivre
copy: copier (copie, avoir copié, copiant)
coral reef: (le) récif de corail
coriander: (le) coriandre
corkscrew: (le) tire-bouchon
corn: (le) maïs
corn oil: (la) huile de maïs (l'huile de maïs)
corpse: (le) cadavre
correct: correct (correcte, corrects, correctes)
corridor: (le) couloir
Costa Rica: (la) Costa Rica
cotton: (le) coton
cough: (la) toux
cough syrup: (le) sirop contre la toux
count: compter (compte, avoir compté, comptant)
country: (le) pays
courgette: (la) courgette
court: (le) tribunal
cousin: (le) cousin , (la) cousine
cow: (la) vache
crab: (le) crabe
cramp: (la) crampe
cranberry: (la) canneberge
crane: (la) grue

crane truck: (le) camion-grue
crater: (le) cratère
crawl: ramper (rampe, avoir rampé, rampant)
crazy: fou (folle, fous, folles)
cream: (la) crème
credit card: (la) carte de crédit
cricket: (le) cricket
criminal: (le) criminel
Croatia: (la) Croatie
crocodile: (le) crocodile
croissant: (le) croissant
cross-country skiing: (le) ski de fond
cross trainer: (le) vélo elliptique
crosswords: (les) mots croisés
crow: (le) corbeau
crown: (la) couronne
cruise ship: (le) paquebot de croisière
crutch: (la) béquille
cry: pleurer (pleure, avoir pleuré, pleurant)
crêpe: (la) crêpe
CT scanner: (la) tomodensitométrie
Cuba: (le) Cuba
cube: (le) cube
cubic meter: (le) mètre cube
cucumber: (le) concombre
cuddly toy: (la) peluche
cue: (la) queue
cup: (le) gobelet , (la) tasse , (la) coupe
cupboard: (le) placard
curium: (le) curium
curling: (le) curling
curling iron: (le) fer à friser
curly: bouclé
currant: (la) groseille
curry: (le) curry
curtain: (le) rideau
curve: (la) courbe
custard: (la) crème anglaise
customer: (le) client
customs: (la) douane
cut: couper (coupe, avoir coupé, coupant)
cute: mignon (mignonne, mignons, mignonnes)
cutlery: (les) couverts
cycling: (le) cyclisme
cylinder: (le) cylindre
cymbals: (la) cymbale
Cyprus: (la) Chypre
Czech Republic: (la) République Tchèque

D

dad: (le) papa
daffodil: (la) jonquille
daisy: (la) marguerite
dam: (le) barrage
dancer: (le) danseur
dancing: (la) danse

dancing shoes: (les) chaussons de danse
dandelion: (le) pissenlit
dandruff: (les) pellicules
dark: sombre (sombre, sombres, sombres)
darmstadtium: (le) darmstadium
darts: (le) jeu de fléchettes
dashboard: (le) tableau de bord
database: (la) base de données
date: (la) date
daughter: (la) fille
daughter-in-law: (la) belle-fille
day: (le) jour
deaf: sourd (sourde, sourds, sourdes)
death: (le) mort
decade: (la) décennie
December: décembre
decimeter: (le) décimètre
deck: (le) pont
deck chair: (la) chaise longue
deep: profond (profonde, profonds, profondes)
deer: (le) cerf
defend: défendre (défends, avoir défendu, défendant)
defendant: (le) défendeur
degree: (le) degré universitaire
deliver: livrer (livre, avoir livré, livrant)
delivery: (le) accouchement (l'accouchement)
Democratic Republic of the Congo: (la) République démocratique du Congo
Denmark: (le) Danemark
denominator: (le) dénominateur
dental brace: (le) appareil dentaire (l'appareil dentaire)
dental filling: (le) plombage
dental prostheses: (la) prothèses dentaires
dentist: (le) dentiste
department: (le) département
departure: (le) départ
dermatology: (la) dermatologie
desert: (le) désert
designer: (le) designer
desk: (le) bureau
dessert: (le) dessert
detective: (le) détective
diabetes: (le) diabète
diagonal: (la) diagonale
diamond: (le) diamant
diaper: (la) couche-culotte
diaphragm: (le) diaphragme
diarrhea: (la) diarrhée
diary: (le) journal intime
dictionary: (le) dictionnaire
die: mourir (meurs, être mort, mourant)
diesel: (le) diesel
difficult: difficile (difficile, difficiles, difficiles)
dig: creuser (creuse, avoir creusé, creusant)
digital camera: (le) appareil photo numérique (l'appareil photo numérique)
dill: (le) aneth (l'aneth)
dimple: (la) fossette
dim sum: (le) dimsum
dinner: (le) dîner

dinosaur: (le) dinosaure
diploma: (le) diplôme
director: (le) directeur , (le) réalisateur
dirty: sale (sale, sales, sales)
discus throw: (le) lancer de disque
dishwasher: (le) lave-vaisselle
district: (le) quartier
dividend: (le) dividende
diving: (le) plongeon , (la) plongée
diving mask: (le) masque de plongée
division: (la) division
divorce: (le) divorce
DJ: (le) DJ
Djibouti: (le) Djibouti
doctor: (le) médecin
doesn't matter: Ça n'a pas d'importance
dog: (le) chien
doll: (la) poupée
dollar: (le) dollar
dollhouse: (la) maison de poupées
dolphin: (le) dauphin
Dominica: (le) Dominique
Dominican Republic: (la) République Dominicaine
dominoes: (les) dominos
don't worry: ne t'inquiètes pas
donkey: (le) âne (l'âne)
door: (la) porte
door handle: (la) poignée de porte
dorm room: (le) dortoir
dosage: (le) dosage
double bass: (la) contrebasse
double room: (la) chambre double
doughnut: (le) beignet
Do you love me?: Est-ce que tu m'aimes ?
dragonfly: (la) libellule
draughts: (les) dames
drawer: (le) tiroir
drawing: (le) dessin
dreadlocks: (les) dreadlocks
dream: rêver (rêve, avoir rêvé, rêvant)
dress: (la) robe
dress size: (la) taille
dried fruit: (le) fruit sec
drill: percer (perce, avoir percé, perçant)
drilling machine: (la) perceuse
drink: boire (bois, avoir bu, buvant)
drums: (la) batterie
drunk: ivre (ivre, ivres, ivres)
dry: sec (sèche, secs, sèches), sécher (sèche, avoir séché, séchant)
dubnium: (le) dubnium
duck: (le) canard
dumbbell: (le) haltère (l'haltère)
dumpling: (la) boulette de pâte
duodenum: (le) duodénum
DVD player: (le) lecteur DVD
dyed: teint
dysprosium: (le) dysprosium

e-mail: (le) e-mail (l'e-mail)
e-mail address: (la) adresse e-mail (l'adresse e-mail)
eagle: (le) aigle (l'aigle)
ear: (la) oreille (l'oreille)
earn: gagner (gagne, avoir gagné, gagnant)
earphone: (le) écouteur (l'écouteur)
earplug: (le) bouchon d'oreille
earring: (la) boucle d'oreille
earth: (la) terre
earth's core: (le) noyau de la terre
earth's crust: (la) croûte terrestre
earthquake: (le) tremblement de terre
east: Est
Easter: Pâques
East Timor: (le) Timor oriental
easy: facile (facile, faciles, faciles)
eat: manger (mange, avoir mangé, mangeant)
economics: (la) économie (l'économie)
economy class: (la) classe économique
Ecuador: (le) Équateur (l'Équateur)
eczema: (le) eczéma (l'eczéma)
egg: (le) œuf (l'œuf)
egg white: (le) blanc d'œuf
Egypt: (la) Égypte (l'Égypte)
einsteinium: (le) einsteinium (l'einsteinium)
elbow: (le) coude
electric guitar: (la) guitare électrique
electrician: (le) électricien (l'électricien)
electric iron: (le) fer à repasser électrique
electric shock: (la) décharge électrique
electron: (le) électron (l'électron)
elephant: (le) éléphant (l'éléphant)
elevator: (le) ascenseur (l'ascenseur)
elk: (le) élan (l'élan)
ellipse: (la) ellipse (l'ellipse)
El Salvador: (le) Salvador
embassy: (la) ambassade (l'ambassade)
embryo: (le) embryon (l'embryon)
emergency: (la) urgence (l'urgence)
emergency exit: (la) sortie de secours
emergency room: (le) service d'urgence
employee: (le) employé (l'employé)
employer: (le) employeur (l'employeur)
empty: vide (vide, vides, vides)
endocrinology: (la) endocrinologie
energy drink: (la) boisson énergétique
engagement: (les) fiançailles
engagement ring: (la) bague de fiançailles
engine: (le) réacteur
engineer: (le) ingénieur (l'ingénieur)
engine room: (la) salle des machines
English: (le) anglais (l'anglais)
enjoy: jouir (jouis, avoir joui, jouissant)
entrepreneur: (le) entrepreneur (l'entrepreneur)
envelope: (la) enveloppe (l'enveloppe)

epilepsy: (la) épilepsie (l'épilepsie)
episiotomy: (la) épisiotomie (l'épisiotomie)
equation: (la) équation (l'équation)
equator: (le) équateur (l'équateur)
Equatorial Guinea: (la) Guinée Équatoriale
erbium: (le) erbium (l'erbium)
Eritrea: (la) Érythrée (l'Érythrée)
espresso: (le) expresso (l'expresso)
essay: (le) essai (l'essai)
Estonia: (la) Estonie (l'Estonie)
Ethiopia: (la) Éthiopie (l'Éthiopie)
eucalyptus: (le) eucalyptus (l'eucalyptus)
euro: (le) euro (l'euro)
europium: (le) europium (l'europium)
evening: (la) soirée
evening dress: (la) tenue de soirée
every: tous
everybody: tout le monde
evidence: (la) preuve
evil: mauvais (mauvaise, mauvais, mauvaises)
exam: (le) examen (l'examen)
excavator: (la) pelleteuse
exclamation mark: (le) point d'exclamation
excuse me: excusez-moi
exercise bike: (le) vélo ergomètre
exhaust pipe: (le) pot d'échappement
expensive: cher (chère, chers, chères)
expiry date: (la) date d'expiration
eye: (le) œil (l'œil)
eyebrow: (le) sourcil
eyebrow pencil: (le) crayon à sourcils
eyelashes: (les) cils
eyeliner: (le) eye-liner (l'eye-liner)
eye shadow: (le) ombre à paupières (l'ombre à paupières)

F

fabric: (le) tissu
face cream: (la) crème pour le visage
face mask: (le) masque de beauté
face powder: (la) poudre
facial toner: (le) tonique pour le visage
factory: (la) usine (l'usine)
Fahrenheit: (le) Fahrenheit
fail: échouer (échoue, avoir échoué, échouant)
faint: s'évanouir (m'évanouis, s'être évanoui, s'évanouissant)
fair: juste (juste, justes, justes)
fairground: (la) fête foraine
falcon: (le) faucon
Falkland Islands: (les) Îles Malouines
fall: tomber (tombe, être tombé, tombant)
family picture: (la) photo de famille
family therapy: (la) thérapie familiale
fan: (le) ventilateur
far: loin
fare: (le) prix du ticket
farm: (la) ferme

farmer: (le) agriculteur (l'agriculteur)
Faroe Islands: (les) Îles Féroé
father: (le) père
father-in-law: (le) beau-père
fat meat: (la) viande grasse
fax: (le) fax
February: février
feed: alimenter (alimente, avoir alimenté, alimentant)
fence: (la) clôture
fencing: (la) escrime (l'escrime)
feng shui: (le) feng shui
fennel: (le) fenouil
fermium: (le) fermium
fern: (la) fougère
ferry: (le) traversier
feta: (la) feta
fever: (la) fièvre
fever thermometer: (le) thermomètre
few: peu
fiancé: (la) fiancée
fiancée: (la) fiancée
field hockey: (le) hockey sur gazon
fifth floor: (le) cinquième étage
fig: (la) figue
fight: se battre (me bats, s'être battu, se battant)
figure skating: (le) patinage artistique
Fiji: (les) Îles Fidji
file: (la) lime , (le) fichier
filter: (le) filtre
fin: (la) palme
find: trouver (trouve, avoir trouvé, trouvant)
fine: (la) amende (l'amende)
finger: (le) doigt
fingernail: (le) ongle (l'ongle)
fingerprint: (la) empreinte digitale (l'empreinte digitale)
Finland: (la) Finlande
fire: (le) feu
fire alarm: (la) alarme incendie (l'alarme incendie)
fire extinguisher: (le) extincteur (l'extincteur)
firefighter: (le) pompier
firefighters: (les) pompiers
fire station: (la) caserne des pompiers
fire truck: (le) camion de pompiers
first: premièr
first basement floor: (le) premier étage du sous-sol
first class: (la) première classe
first floor: (le) premier étage
fish: (le) poisson , pêcher (pêche, avoir pêché, pêchant)
fish and chips: (le) fish and chips
fishbone: (la) arête de poisson (l'arête de poisson)
fisherman: (le) pêcheur
fishing boat: (le) bateau de pêche
fish market: (le) marché aux poissons
fist: (le) poing
fix: réparer (répare, avoir réparé, réparant)
flamingo: (le) flamant rose
flash: (le) flash
flat: plat (plate, plats, plates)

flat screen: (le) écran plat (l'écran plat)
flerovium: (le) flérovium
flip-flops: (les) tongs
flip chart: (le) tableau de conférence
flood: (la) inondation (l'inondation)
floor: (le) plancher
florist: (le) fleuriste
flour: (la) farine
flower: (la) fleur
flower bed: (le) parterre de fleurs
flower pot: (le) pot de fleur
flu: (la) grippe
fluid: (le) fluide
fluorine: (le) fluor
flute: (la) flûte
fly: (la) mouche , voler (vole, avoir volé, volant)
flyer: (le) prospectus
foetus: (le) fœtus
fog: (le) brouillard
foggy: brumeux (brumeuse, brumeux, brumeuses)
folder: (le) classeur , (le) dossier
folk music: (la) musique folklorique
follow: suivre (suis, avoir suivi, suivant)
foot: (le) pied
football: (le) football , (le) ballon de football , (le) ballon de football américain
football boots: (les) chaussures de football
football stadium: (le) stade de football
force: (la) force
forehead: (le) front
forest: (la) forêt
fork: (la) fourchette
forklift truck: (le) chariot élévateur
Formula 1: (la) Formule 1
foundation: (le) fond de teint
fountain: (la) fontaine
fourth: quatrième
fox: (le) renard
fraction: (la) fraction
fracture: (la) fracture
France: (la) France
francium: (le) francium
freckles: (les) taches de rousseur
freestyle skiing: (le) ski acrobatique
freezer: (le) congélateur
freight train: (le) train de marchandise
French: (le) français
French fries: (la) frite
French horn: (le) cor d'harmonie
French Polynesia: (la) Polynésie française
Friday: vendredi
fridge: (le) réfrigérateur
fried noodles: (les) nouilles sautées
fried rice: (le) riz frit
fried sausage: (la) saucisse frit
friend: (le) ami (l'ami)
friendly: amical (amicale, amicaux, amicales)
frog: (la) grenouille
front: avant (avante, avants, avantes)

front door: (la) porte d'entrée
front light: (le) feu avant
front seat: (le) siège avant
fruit gum: (la) gomme de fruits
fruit merchant: (le) marchand de fruits
fruit salad: (la) salade de fruits
fry: frire (fris, avoir frit, frisant)
full: rassasié (rassasiée, rassasiés, rassasiées), plein (pleine, pleins, pleines)
full stop: (le) point
funeral: (les) funérailles
funnel: (le) entonnoir (l'entonnoir)
funny: drôle (drôle, drôles, drôles)
furniture store: (le) magasin de meubles

G

Gabon: (le) Gabon
gadolinium: (le) gadolinium
gain weight: prendre du poids (prends, avoir pris, prenant)
galaxy: (la) galaxie
gall bladder: (la) vésicule biliaire
gallium: (le) gallium
gamble: parier (parie, avoir parié, pariant)
game: (le) gibier
garage: (le) garage
garage door: (la) porte du garage
garbage bin: (la) poubelle
garden: (le) jardin
gardener: (le) jardinier
garlic: (le) ail (l'ail)
gas: (le) gaz
gear lever: (le) levier de vitesse
gear shift: (le) changement de vitesse
gecko: (le) gecko
gender: (le) sexe
general manager: (le) directeur général
generator: (le) générateur
generous: généreux (généreuse, généreux, généreuses)
geography: (la) géographie
geometry: (la) géométrie
Georgia: (la) Géorgie
German: (le) allemand (l'allemand)
germanium: (le) germanium
Germany: (la) Allemagne (l'Allemagne)
geyser: (le) geyser
Ghana: (le) Ghana
Gibraltar: (le) Gibraltar
gin: (le) gin
ginger: (le) gingembre , roux
giraffe: (la) girafe
girl: (la) fille
girlfriend: (la) petite amie
give: donner (donne, avoir donné, donnant)
give a massage: faire un massage (fais, avoir fait, faisant)
glacier: (le) glacier
gladiolus: (le) glaïeul
glass: (le) verre

glasses: (la) paire de lunettes
glider: (le) planeur
glove: (le) gant
glue: (la) colle
gluten: (le) gluten
goal: (le) but
goat: (la) chèvre
gold: (le) or (l'or)
Gold is more expensive than silver: L'or est plus cher que l'argent
gold medal: (la) médaille d'or
golf: (le) golf
golf ball: (la) balle de golf
golf club: (le) club de golf
golf course: (le) terrain de golf
good: bon (bonne, bons, bonnes)
good bye: au revoir
good day: bonne journée
goose: (la) oie (l'oie)
go straight: Va tout droit
goulash: (le) goulache
GPS: (le) GPS
graduation: (la) remise de diplôme
graduation ceremony: (la) cérémonie de remise de diplômes
gram: (le) gramme
grandchild: (le) petit-enfant
granddaughter: (la) petite-fille
grandfather: (le) grand-père
grandmother: (la) grand-mère
grandson: (le) petit-fils
granite: (le) granit
granulated sugar: (le) sucre granulé
grape: (le) raisin
grapefruit: (le) pamplemousse
graphite: (le) graphite
grass: (la) herbe (l'herbe)
grasshopper: (la) sauterelle
grater: (la) râpe
grave: (la) tombe
gravity: (la) pesanteur
Greece: (la) Grèce
greedy: gourmand (gourmande, gourmands, gourmandes)
green: vert (verte, verts, vertes)
greenhouse: (la) serre
Greenland: (le) Groenland
green tea: (le) thé vert
Grenada: (la) Grenade
grey: gris (grise, gris, grises)
groom: (le) marié
ground floor: (le) rez de chaussée
group therapy: (la) thérapie de groupe
grow: grandir (grandis, avoir grandi, grandissant)
Guatemala: (le) Guatemala
guest: (le) invité (l'invité)
guilty: coupable (coupable, coupables, coupables)
Guinea: (la) Guinée
Guinea-Bissau: (la) Guinée-Bissau
guinea pig: (le) cochon d'Inde
guitar: (la) guitare

gun: (le) pistolet
Guyana: (la) Guyane
gym: (le) centre de fitness
gymnastics: (la) gymnastique
gynaecology: (la) gynécologie

H

hafnium: (le) hafnium
hair: (le) cheveu
hairdresser: (le) coiffeur
hairdryer: (le) sèche-cheveux
hair gel: (le) gel coiffant
hair straightener: (le) fer à lisser
Haiti: (le) Haïti
half an hour: une demi-heure
Halloween: Halloween
ham: (le) jambon
hamburger: (le) hamburger
hammer: enfoncer (enfonce, avoir enfoncé, enfonçant), (le) marteau
hammer throw: (le) lancer de marteau
hamster: (le) hamster
hand: (la) main
handbag: (le) sac à main
handball: (le) handball
hand brake: (le) frein à main
handcuff: (les) menottes
handsaw: (la) scie à main
handsome: beau (belle, beaux, belles)
happy: heureux (heureuse, heureux, heureuses)
harbour: (le) port
hard: dur (dure, durs, dures)
hard drive: (le) disque dur
harmonica: (le) harmonica
harp: (la) harpe
hassium: (le) hassium
hat: (le) chapeau
hay fever: (le) rhume des foins
hazelnut: (la) noisette
he: il
head: (la) tête
headache: (le) mal de tête
heading: (le) titre
head injury: (la) blessure à la tête
healthy: sain (saine, sains, saines)
heart: (le) cœur
heart attack: (la) crise cardiaque
heating: (le) chauffage
heavy: lourd (lourde, lourds, lourdes)
heavy metal: (le) heavy metal
hedge: (la) haie
hedgehog: (le) hérisson
heel: (le) talon
height: (la) hauteur
heir: (le) héritier (l'héritier)
helicopter: (le) hélicoptère (l'hélicoptère)
helium: (le) hélium (l'hélium)

hello: bonjour
helmet: (le) casque
help: aider (aide, avoir aidé, aidant)
hemorrhoid: (les) hémorroïdes
her dress: sa robe
here: ici
heritage: (le) patrimoine
hexagon: (le) hexagone (l'hexagone)
hi: salut
hide: cacher (cache, avoir caché, cachant)
high: haut (haute, hauts, hautes)
high-speed train: (le) train à grande vitesse (TGV)
high blood pressure: (la) hypertension artérielle (l'hypertension artérielle)
high heels: (les) chaussures à talons hauts
high jump: (le) saut en hauteur
high school: (le) lycée
hiking: (la) randonnée
hiking boots: (les) chaussures de marche
hill: (la) colline
Himalayas: (le) Himalaya (l'Himalaya)
hippo: (le) hippopotame (l'hippopotame)
his car: sa voiture
history: (la) histoire (l'histoire)
hit: frapper (frappe, avoir frappé, frappant)
hockey stick: (la) crosse de hockey
hoe: (la) houe
hole puncher: (la) perforatrice
holmium: (le) holmium (l'holmium)
holy: saint (sainte, saints, saintes)
homework: (les) devoirs
homoeopathy: (la) homéopathie (l'homéopathie)
Honduras: (la) Honduras
honey: (le) miel
honeymoon: (la) lune de miel
Hong Kong: (le) Hong-Kong
horn: (le) avertisseur sonore (l'avertisseur sonore)
horror movie: (le) film d'horreur
horse: (le) cheval
hose: (le) tuyau d'arrosage
hospital: (le) hôpital (l'hôpital)
host: (le) animateur (l'animateur)
hostel: (la) auberge (l'auberge)
hot: épicé (épicée, épicés, épicées), chaud (chaude, chauds, chaudes)
hot-air balloon: (la) montgolfière
hot-water bottle: (la) bouillotte
hot chocolate: (le) chocolat chaud
hot dog: (le) hot-dog
hotel: (le) hôtel (l'hôtel)
hot pot: (le) hot pot
hour: (la) heure (l'heure)
house: (la) maison
houseplant: (la) plante d'intérieur
how: comment
How are you?: comment ça va ?
how many?: combien ?
how much?: combien ?
How much is this?: Combien ça coûte ?
huge: énorme (énorme, énormes, énormes)

human resources: (les) ressources humaines
humidity: (la) humidité (l'humidité)
Hungary: (la) Hongrie
hungry: affamé (affamée, affamés, affamées)
hurdles: (la) course de haies
hurricane: (le) ouragan (l'ouragan)
husband: (le) mari
hydrant: (la) bouche d'incendie
hydroelectric power station: (la) centrale hydroélectrique
hydrogen: (le) hydrogène (l'hydrogène)
hydrotherapy: (la) hydrothérapie (l'hydrothérapie)
hyphen: (le) trait d'union
hypnosis: (la) hypnose (l'hypnose)

I

I: je
I agree: je suis d'accord
ice: (la) glace
ice climbing: (la) escalade glaciaire (l'escalade glaciaire)
ice cream: (la) crème glacée
iced coffee: (le) café glacé
ice hockey: (le) hockey sur glace
Iceland: (la) Islande (l'Islande)
ice rink: (la) patinoire
ice skating: (le) patinage sur glace
icing sugar: (le) sucre glace
icon: (la) icône (l'icône)
I don't know: Je ne sais pas
I don't like this: Je n'aime pas ça
I don't understand: Je ne comprends pas
if: si
I have a dog: J'ai un chien
I know: je sais
I like you: Je t'aime bien
I love you: Je t'aime
I miss you: Tu me manques
immediately: immédiatement
inbox: (la) boîte de réception
inch: (le) pouce
index finger: (le) index (l'index)
India: (la) Inde (l'Inde)
Indian Ocean: (le) océan Indien (l'océan Indien)
indium: (le) indium (l'indium)
Indonesia: (la) Indonésie (l'Indonésie)
industrial district: (la) zone industrielle
I need this: J'ai besoin de ça
infant: (le) nourrisson
infection: (la) infection (l'infection)
infusion: (la) perfusion
inhaler: (le) inhalateur (l'inhalateur)
injure: blesser (blesse, avoir blessé, blessant)
injury: (la) blessure
ink: (la) encre (l'encre)
inking roller: (le) rouleau à peinture
insect repellent: (le) produit anti-moustique
inside: à l'intérieur

instant camera: (le) polaroïd
instant noodles: (les) nouilles instantanées
insulating tape: (le) chatterton
insulin: (la) insuline (l'insuline)
insurance: (la) assurance (l'assurance)
intensive care unit: (les) soins intensifs
interest: (les) intérêts
intern: (le) stagiaire
intersection: (la) intersection (l'intersection)
intestine: (le) intestin (l'intestin)
investment: (le) investissement (l'investissement)
iodine: (le) iode (l'iode)
ion: (le) ion (l'ion)
Iran: (le) Iran (l'Iran)
Iraq: (le) Irak (l'Irak)
Ireland: (la) Irlande (l'Irlande)
iridium: (le) iridium (l'iridium)
iris: (le) iris (l'iris)
iron: repasser (repasse, avoir repassé, repassant), (le) fer
ironing table: (la) table à repasser
island: (la) île (l'île)
isotope: (le) isotope (l'isotope)
Israel: (le) Israël (l'Israël)
IT: (le) service informatique
Italy: (la) Italie (l'Italie)
Ivory Coast: (la) Côte d'Ivoire
I want more: Je veux plus
I want this: Je veux ça

J

jack: (le) cric
jacket: (la) veste
jackfruit: (le) jacquier
jade: (le) jade
jam: (la) confiture
Jamaica: (la) Jamaïque
January: janvier
Japan: (le) Japon
Japanese: (le) japonais
jar: (le) bocal
javelin throw: (le) lancer de javelot
jawbone: (la) mâchoire
jazz: (le) jazz
jeans: (le) jeans
jellyfish: (la) méduse
jersey: (le) maillot
jet ski: (le) jet ski
jeweller: (le) bijoutier
jive: (le) jive
job: (le) emploi (l'emploi)
jogging bra: (le) soutien-gorge de sport
joke: (la) blague
Jordan: (la) Jordanie
journalist: (le) journaliste
judge: (le) juge
judo: (le) judo

juicy: juteux (juteuse, juteux, juteuses)
July: juillet
jump: sauter (saute, avoir sauté, sautant)
June: juin
junior school: (le) collège
Jupiter: Jupiter
jury: (les) jurés

K

kangaroo: (le) kangourou
karate: (le) karaté
kart: (le) kart
Kazakhstan: (le) Kazakhstan
kebab: (le) kebab
kennel: (la) niche
Kenya: (le) Kenya
kettle: (la) bouilloire
kettledrum: (la) timbale
key: (la) clé
keyboard: (le) clavier
key chain: (le) porte-clés
keyhole: (le) trou de serrure
kick: frapper avec le pied (frappe, avoir frappé, frappant)
kidney: (le) rein
kill: tuer (tue, avoir tué, tuant)
killer whale: (la) orque (l'orque)
kilogram: (le) kilo
kindergarten: (le) jardin d'enfants
kindergarten teacher: (la) enseignante à la maternelle (l'enseignante à la maternelle)
Kiribati: (le) Kiribati
kiss: embrasser (embrasse, avoir embrassé, embrassant), (le) baiser
kitchen: (la) cuisine
kiwi: (le) kiwi
knee: (le) genou
kneecap: (la) rotule
knife: (le) couteau
knit cap: (le) bonnet
know: savoir (sais, avoir su, sachant)
koala: (le) koala
Kosovo: (le) Kosovo
krone: (la) couronne
krypton: (le) krypton
Kuwait: (le) Koweït
Kyrgyzstan: (le) Kirghizistan

L

laboratory: (le) laboratoire
lace: (le) lacet
lacrosse: (la) crosse
ladder: (la) échelle (l'échelle)
ladle: (la) louche
ladybird: (la) coccinelle
lake: (le) lac

lamb: (le) agneau (l'agneau)
lamp: (la) lampe
landlord: (le) propriétaire
lanthanum: (le) lanthane
Laos: (le) Laos
laptop: (le) ordinateur portable (l'ordinateur portable)
larch: (le) mélèze
lasagne: (les) lasagnes
last month: mois dernier
last week: semaine dernière
last year: année dernière
Latin: (le) latin
Latin dance: (la) danse latine
latitude: (la) latitude
Latvia: (la) Lettonie
laugh: rire (ris, avoir ri, riant)
laundry: (le) linge
laundry basket: (le) panier à linge
lava: (la) lave
law: (la) loi
lawn mower: (la) tondeuse à gazon
lawrencium: (le) lawrencium
lawyer: (le) avocat (l'avocat)
lazy: paresseux (paresseuse, paresseux, paresseuses)
lead: (le) plomb
leaf: (la) feuille
leaflet: (la) brochure
lean meat: (la) viande maigre
leather shoes: (les) chaussures en cuir
Lebanon: (le) Liban
lecture: (le) cours magistrale
lecturer: (le) maître de conférences
lecture theatre: (le) amphithéâtre (l'amphithéâtre)
leek: (le) poireau
left: gauche (gauche, gauches, gauches)
leg: (la) cuisse
legal department: (le) service juridique
leggings: (le) legging
leg press: (la) presse à cuisses
lemon: (le) citron
lemonade: (la) limonade
lemongrass: (la) citronnelle
lemur: (le) lémur
leopard: (le) léopard
Lesotho: (le) Lesotho
less: moins
lesson: (la) leçon
Let's go home: Rentrons à la maison
letter: (la) lettre
lettuce: (la) laitue
Liberia: (le) Libéria
librarian: (le) bibliothécaire
library: (la) bibliothèque
Libya: (la) Libye
lie: s'allonger (m'allonge, s'être allongé, s'allongeant)
Liechtenstein: (le) Liechtenstein
lifeboat: (le) canot de sauvetage
life buoy: (la) bouée de sauvetage

lifeguard: (le) maître nageur
life jacket: (le) gilet de sauvetage
lift: soulever (soulève, avoir soulevé, soulevant)
light: léger (légère, légers, légères), lumineux (lumineuse, lumineux, lumineuses)
light bulb: (la) ampoule (l'ampoule)
lighter: (le) briquet
lighthouse: (le) phare
lightning: (la) foudre
light switch: (le) interrupteur (l'interrupteur)
like: apprécier (apprécie, avoir apprécié, appréciant)
lime: (le) citron vert
limestone: (le) calcaire
limousine: (la) limousine
lingerie: (la) lingerie
lion: (le) lion
lip: (la) lèvre
lip balm: (le) baume pour les lèvres
lip gloss: (le) brillant à lèvres
lipstick: (le) rouge à lèvres
liqueur: (la) liqueur
liquorice: (la) réglisse
listen: écouter (écoute, avoir écouté, écoutant)
liter: (le) litre
literature: (la) littérature
lithium: (le) lithium
Lithuania: (la) Lituanie
little black dress: (la) petite robe noire
little brother: (le) petit frère
little finger: (le) petit doigt
little sister: (la) petite sœur
live: vivre (vis, avoir vécu, vivant)
liver: (le) foie
livermorium: (le) livermorium
living room: (le) salon
lizard: (le) lézard
llama: (le) lama
loan: (le) prêt
lobby: (le) hall d'entrée
lobster: (le) homard
lock: verrouiller (verrouille, avoir verrouillé, verrouillant)
locomotive: (la) locomotive
lonely: solitaire (solitaire, solitaires, solitaires)
long: long (longue, longs, longues)
longitude: (la) longitude
long jump: (le) saut en longueur
look for: chercher (cherche, avoir cherché, cherchant)
loppers: (les) cisailles
lorry: (le) camion
lorry driver: (le) chauffeur poids lourd
lose: perdre (perds, avoir perdu, perdant)
lose weight: perdre du poids (perds, avoir perdu, perdant)
loss: (la) perte
lotus root: (la) racine de lotus
loud: bruyant (bruyante, bruyants, bruyantes)
loudspeaker: (le) haut-parleur
love: aimer (aime, avoir aimé, aimant), (le) amour (l'amour)
lovesickness: (le) chagrin d'amour
low: bas (basse, bas, basses)

lubricant: (le) lubrifiant
luge: (la) luge
luggage: (la) valise
lunar eclipse: (la) éclipse lunaire (l'éclipse lunaire)
lunch: (le) déjeuner
lung: (le) poumon
lutetium: (le) lutécium
Luxembourg: (le) Luxembourg
lychee: (le) litchi
lyrics: (les) paroles

M

Macao: (le) Macao
Macedonia: (la) Macédoine
Madagascar: (la) Madagascar
magazine: (le) magazine
magma: (le) magma
magnesium: (le) magnésium
magnet: (le) aimant (l'aimant)
magnetic resonance imaging: (la) imagerie par résonance magnétique (l'imagerie par résonance magnétique)
magpie: (la) pie
mailbox: (la) boîte aux lettres
Malawi: (la) Malawi
Malaysia: (la) Malaisie
Maldives: (les) Maldives
Mali: (le) Mali
Malta: (la) Malte
man: (le) homme (l'homme)
manager: (le) supérieur
Mandarin: (le) mandarin
manganese: (le) manganèse
mango: (la) mangue
manhole cover: (la) plaque d'égout
manicure: (la) manucure
mannequin: (le) mannequin
many: beaucoup
map: (la) carte
maple: (le) érable (l'érable)
maple syrup: (le) sirop d'érable
marathon: (le) marathon
March: mars
marjoram: (la) marjolaine
market: (le) marché
marketing: (le) marketing
marry: marier (marie, avoir marié, mariant)
Mars: Mars
marsh: (le) marais
Marshall Islands: (les) Îles Marshall
marshmallow: (la) guimauve
martini: (le) martini
mascara: (le) mascara
mashed potatoes: (la) purée
massage: (le) massage
masseur: (le) masseur
mast: (le) mât

master: (la) maîtrise
match: (la) allumette (l'allumette)
mathematics: (les) mathématiques
mattress: (le) matelas
Mauritania: (la) Mauritanie
Mauritius: (la) Maurice
May: mai
mayonnaise: (la) mayonnaise
measles: (la) rougeole
measure: mesurer (mesure, avoir mesuré, mesurant)
meat: (la) viande
meatball: (la) boulette de viande
mechanic: (le) mécanicien
medal: (la) médaille
meditation: (la) méditation
Mediterranean Sea: (la) mer Méditerranée
meerkat: (le) suricate
meet: rencontrer (rencontre, avoir rencontré, rencontrant)
meeting room: (la) salle de réunion
meitnerium: (le) meitnérium
melody: (la) mélodie
member: (le) membre
membership: (la) adhésion (l'adhésion)
mendelevium: (le) mendélévium
menu: (le) menu
Mercury: Mercure
mercury: (le) mercure
metal: (le) métal
metalloid: (le) semi-métal
meteorite: (la) météorite
meter: (le) mètre
methane: (le) méthane
metropolis: (la) métropole
Mexico: (le) Mexique
Micronesia: (la) Micronésie
microscope: (le) microscope
microwave: (le) micro-onde
middle finger: (le) médius
midnight: minuit
midwife: (la) sage-femme
migraine: (la) migraine
mile: (le) mile
milk: (le) lait
milk powder: (le) lait en poudre
milkshake: (le) milk-shake
milk tea: (le) thé au lait
Milky Way: (la) voie Lactée
millennium: (le) millénaire
milliliter: (le) millilitre
millimeter: (le) millimètre
minced meat: (la) viande hachée
minibar: (le) minibar
minibus: (le) minibus
minister: (le) ministre
mint: (la) menthe
minute: (la) minute
mirror: (le) miroir
miscarriage: (la) fausse couche

mitt: (le) gant de base-ball
mixer: (le) mixer
mobile phone: (le) téléphone portable
mocha: (le) moka
model: (le) mannequin
modern pentathlon: (le) pentathlon moderne
Moldova: (la) Moldavie
molecule: (la) molécule
molybdenum: (le) molybdène
Monaco: (le) Monaco
Monday: lundi
money: (le) argent (l'argent)
Mongolia: (la) Mongolie
monk: (le) moine
monkey: (le) singe
Monopoly: (le) Monopoly
monorail: (le) monorail
monsoon: (la) mousson
Montenegro: (le) Monténégro
month: (le) mois
Montserrat: (le) Montserrat
monument: (le) monument
moon: (la) lune
more: plus
morning: (le) matin , (la) matinée
Morocco: (le) Maroc
mosque: (la) mosquée
mosquito: (le) moustique
most: le plus
moth: (le) papillon de nuit
mother: (la) mère
mother-in-law: (la) belle-mère
motocross: (le) motocross
motor: (le) moteur
motorcycle: (la) moto
motorcycle racing: (le) motocyclisme
motor scooter: (le) scooter
motorway: (la) autoroute (l'autoroute)
mountain: (la) montagne
mountain biking: (le) vélo tout-terrain
mountaineering: (le) alpinisme (l'alpinisme)
mountain range: (la) chaîne de montagnes
mouse: (la) souris
mouth: (la) bouche
mouthguard: (le) protège-dents
Mozambique: (la) Mozambique
mozzarella: (la) mozzarella
MP3 player: (le) lecteur MP3
muesli: (le) muesli
muffin: (le) muffin
mufti: (le) mufti
multiplication: (la) multiplication
mum: (la) maman
mumps: (les) oreillons
muscle: (le) muscle
museum: (le) musée
mushroom: (le) champignon
musician: (le) musicien

mustard: (la) moutarde
mute: muet (muette, muets, muettes)
my dog: mon chien

N

nachos: (le) nachos
nail: (le) clou
nail clipper: (le) coupe-ongles
nail file: (la) lime à ongles
nail polish: (le) vernis à ongles
nail scissors: (les) ciseaux à ongles
nail varnish remover: (le) dissolvant
Namibia: (la) Namibie
nape: (la) nuque
narrow: étroit (étroite, étroits, étroites)
nasal bone: (le) os nasal (l'os nasal)
nasal spray: (le) spray nasal
national park: (le) parc national
Nauru: (le) Nauru
nausea: (la) nausée
neck: (le) cou
neck brace: (la) minerve
necklace: (le) collier
nectar: (le) nectar
needle: (la) aiguille (l'aiguille)
negligee: (le) négligé
neighbour: (le) voisin
neodymium: (le) néodyme
neon: (le) néon
Nepal: (le) Népal
nephew: (le) neveu
Neptune: Neptune
neptunium: (le) neptunium
nerve: (le) nerf
net: (le) filet
Netherlands: (le) Pays-Bas
network: (le) réseau
neurology: (la) neurologie
neutron: (le) neutron
new: nouveau (nouvelle, nouveaux, nouvelles)
New Caledonia: (la) Nouvelle-Calédonie
news: (le) journal
newsletter: (le) bulletin d'information
newspaper: (le) journal
New Year: (le) nouvel an
New Zealand: (la) Nouvelle-Zélande
next month: mois prochain
next week: semaine prochaine
next year: année prochaine
Nicaragua: (la) Nicaragua
nickel: (le) nickel
niece: (la) nièce
Niger: (le) Niger
Nigeria: (le) Nigeria
night: (la) nuit
night club: (la) boîte de nuit

nightie: (la) chemise de nuit
night table: (la) table de nuit
niobium: (le) niobium
nipple: (le) mamelon
nitrogen: (le) azote (l'azote)
Niue: (la) Niue
nobelium: (le) nobélium
non-metal: (le) métalloïde
none: aucun
noodle: (la) nouille
noon: midi
Nordic combined: (le) combiné nordique
north: Nord
northern hemisphere: (le) hémisphère nord (l'hémisphère nord)
North Korea: (la) Corée du Nord
North Pole: (le) pôle Nord
Norway: (la) Norvège
nose: (le) nez
nosebleed: (le) saignement de nez
nostril: (la) narine
not: pas
note: (la) note , (le) billet
notebook: (le) cahier
nougat: (le) nougat
novel: (le) roman
November: novembre
now: maintenant
no worries: pas de soucis
nuclear power plant: (la) centrale nucléaire
numerator: (le) numérateur
nun: (la) religieuse
nurse: (la) infirmière (l'infirmière)
nursery: (la) chambre d'enfant , (la) crèche
nut: (la) noix
nutmeg: (la) noix de muscade
nylon: (le) nylon

O

oak: (le) chêne
oat: (la) avoine (l'avoine)
oatmeal: (les) flocons d'avoine
oboe: (le) hautbois
ocean: (le) océan (l'océan)
octagon: (le) octogone (l'octogone)
October: octobre
octopus: (la) pieuvre
oesophagus: (le) œsophage (l'œsophage)
of course: bien sûr
office: (le) bureau
often: souvent
oil: (la) huile (l'huile)
oil paint: (la) peinture à l'huile
oil pastel: (le) pastel à l'huile
ok: d'accord
okra: (le) gombo
old: vieux (vieille, vieux, vieilles)

olive: (la) olive (l'olive)
olive oil: (la) huile d'olive (l'huile d'olive)
Oman: (le) Oman (l'Oman)
oncology: (la) oncologie (l'oncologie)
one-way street: (la) rue à sens unique
one o'clock in the morning: une heure du matin
onion: (le) oignon (l'oignon)
onion ring: (la) rondelle d'oignon frits
opal: (la) opale (l'opale)
open: ouvrir (ouvre, avoir ouvert, ouvrant)
opera: (le) opéra (l'opéra)
operating theatre: (la) salle d'opération
optician: (le) opticien (l'opticien)
or: ou
orange: orange (orange)
orange juice: (le) jus d'orange
orchestra: (le) orchestre (l'orchestre)
oregano: (le) origan (l'origan)
organ: (le) orgue (l'orgue)
origami: (le) origami (l'origami)
orphan: (le) orphelin (l'orphelin)
orthopaedics: (la) orthopédie (l'orthopédie)
osmium: (le) osmium (l'osmium)
ostrich: (la) autruche (l'autruche)
other: autre
otter: (la) loutre
ounce: (la) once (l'once)
our home: notre maison
outpatient: (le) patient en consultation externe
outside: à l'extérieur
ovary: (la) ovaire (l'ovaire)
oven: (le) four
overpass: (la) passerelle
oviduct: (le) oviducte (l'oviducte)
ovum: (la) ovule (l'ovule)
owl: (le) hibou
oxygen: (le) oxygène (l'oxygène)

P

Pacific Ocean: (le) océan Pacifique (l'océan Pacifique)
package: (le) paquet
paediatrics: (la) pédiatrie
painkiller: (le) analgésique (l'analgésique)
paint: peindre (peins, avoir peint, peignant), (la) peinture
painting: (la) peinture
Pakistan: (le) Pakistan
Palau: (le) Palaos
pale: pâle (pâle, pâles, pâles)
Palestine: (la) Palestine
palette: (la) palette
palladium: (le) palladium
pallet: (la) palette
palm: (la) paume
palm tree: (le) palmier
pan: (la) poêle
Panama: (le) Panama

pancake: (la) crêpe
pancreas: (le) pancréas
panda: (le) panda
panties: (le) slip
pantyhose: (la) paire de collants
panty liner: (le) protège-slip
papaya: (la) papaye
paperclip: (le) trombone
paprika: (le) paprika
Papua New Guinea: (la) Papouasie-Nouvelle-Guinée
parachute: (le) parachute
parachuting: (le) parachutisme
paragraph: (le) paragraphe
Paraguay: (le) Paraguay
parasol: (le) parasol
parcel: (le) colis
parents: (les) parents
parents-in-law: (les) beaux-parents
park: (le) parc
parking meter: (le) parcmètre
parmesan: (le) parmesan
parrot: (le) perroquet
passport: (le) passeport
password: (le) mot de passe
pathology: (la) pathologie
patient: (le) patient
pavement: (le) trottoir
pay: payer (paye, avoir payé, payant)
pea: (le) pois
peach: (la) pêche
peacock: (le) paon
peanut: (la) cacahuète
peanut butter: (le) beurre de cacahuète
peanut oil: (la) huile d'arachide (l'huile d'arachide)
pear: (la) poire
pearl necklace: (le) collier de perles
pedestrian area: (la) zone piétonne
pedestrian crossing: (le) passage piétons
pedicure: (la) pédicure
peel: (la) épluchure (l'épluchure)
peg: (la) pince à linge
pelican: (le) pélican
pelvis: (le) bassin
pen: (le) stylo
pencil: (le) crayon
pencil case: (la) trousse
pencil sharpener: (le) taille-crayon
penguin: (le) manchot
peninsula: (la) péninsule
penis: (le) pénis
pepper: (le) paprika , (le) poivre
perfume: (le) parfum
periodic table: (le) tableau périodique
Peru: (le) Pérou
petal: (la) pétale
Petri dish: (la) boîte de Pétri
petrol: (la) essence (l'essence)
petrol station: (la) station essence

pet shop: (la) animalerie (l'animalerie)
pharmacist: (le) pharmacien
pharmacy: (la) pharmacie
PhD: (le) doctorat
Philippines: (les) Philippines
philosophy: (la) philosophie
phoalbum: (le) album photo (l'album photo)
phosphorus: (le) phosphore
photographer: (le) photographe
physical education: (la) éducation physique (l'éducation physique)
physician: (le) généraliste
physicist: (le) physicien
physics: (la) physique
physiotherapist: (le) physiothérapeute
physiotherapy: (la) physiothérapie
piano: (le) piano
picnic: (le) pique-nique
picture: (la) photographie
picture frame: (le) cadre photo
pie: (la) tarte
pier: (la) jetée
pig: (le) cochon
pigeon: (le) pigeon
piglet: (le) porcelet
Pilates: (le) pilates
pill: (la) pilule
pillow: (le) oreiller (l'oreiller)
pilot: (le) pilote
pincers: (les) tenailles
pine: (le) pin
pineapple: (le) ananas (l'ananas)
pink: rose (rose, roses, roses)
pipette: (la) pipette
pistachio: (la) pistache
pit: (le) noyau
pitchfork: (la) fourche à foin
pizza: (la) pizza
plane: (le) avion (l'avion)
planet: (la) planète
plaster: (le) pansement
plastic: (le) plastique
plastic bag: (le) sac en plastique
plate: (la) assiette (l'assiette)
platform: (la) plate-forme
platinum: (le) platine
play: jouer (joue, avoir joué, jouant), (la) pièce de théâtre
playground: (la) aire de jeu (l'aire de jeu)
please: S'il vous plaît
plug: (la) prise mâle
plum: (la) prune
plumber: (le) plombier
plump: potelé (potelée, potelés, potelées)
Pluto: Pluton
plutonium: (le) plutonium
pocket: (la) poche
poisoning: (le) empoisonnement (l'empoisonnement)
poker: (le) poker
Poland: (la) Pologne

polar bear: (le) ours polaire (l'ours polaire)
pole: (le) pôle
pole vault: (le) saut à la perche
police: (la) police
police car: (la) voiture de police
policeman: (le) policier
police station: (le) poste de police
politician: (le) politicien
politics: (la) politique
polo: (le) polo
polonium: (le) polonium
polo shirt: (la) chemise polo
polyester: (la) polyester
pond: (le) étang (l'étang)
ponytail: (la) queue de cheval
poor: pauvre (pauvre, pauvres, pauvres)
pop: (la) pop
popcorn: (le) pop-corn
pork: (le) porc
porridge: (le) porridge
portfolio: (le) portefeuille
portrait: (le) portrait
Portugal: (le) Portugal
postcard: (la) carte postale
postman: (le) facteur
post office: (le) bureau de poste
pot: (la) casserole
potasalad: (la) salade de pommes de terre
potassium: (le) potassium
potato: (la) pomme de terre
potawedges: (le) quartier de pomme de terre
pottery: (la) poterie
pound: (la) livre , (la) livre sterling
powder: (la) poudre
powder puff: (la) houppette
power: (le) courant
power line: (la) ligne électrique
power outlet: (la) prise de courant
practice: s'entraîner (m'entraîne, s'être entraîné, s'entraînant)
praseodymium: (le) praséodyme
pray: prier (prie, avoir prié, priant)
praying mantis: (la) mante religieuse
preface: (la) préface
pregnancy test: (le) test de grossesse
present: (le) cadeau
presentation: (la) présentation
president: (le) président
press: appuyer (appuie, avoir appuyé, appuyant)
priest: (le) prêtre
primary school: (la) école primaire (l'école primaire)
prime minister: (le) premier ministre
print: imprimer (imprime, avoir imprimé, imprimant)
printer: (la) imprimante (l'imprimante)
prison: (la) prison
professor: (le) professeur
profit: (le) profit
programmer: (le) programmeur
projector: (le) rétroprojecteur

promenade: (la) promenade
promethium: (le) prométhium
prosecutor: (le) procureur
prostate: (la) prostate
prostitute: (la) prostituée
protactinium: (le) protactinium
proton: (le) proton
proud: fier (fière, fiers, fières)
province: (la) province
psychiatry: (la) psychiatrie
psychoanalysis: (la) psychanalyse
psychotherapy: (la) psychothérapie
publisher: (le) éditeur (l'éditeur)
puck: (le) palet
pudding: (le) pudding
PuerRico: (le) Porto Rico
pull: tirer (tire, avoir tiré, tirant)
pulse: (le) pouls
pumpkin: (la) citrouille
punk: (le) punk
pupil: (la) pupille
purple: pourpre (pourpre, pourpres, pourpres)
purse: (le) porte-monnaie
push: pousser (pousse, avoir poussé, poussant)
push-up: (la) pompe
pushchair: (la) poussette
put: mettre (mets, avoir mis, mettant)
putty: (le) couteau de peintre
puzzle: (le) puzzle
pyjamas: (le) pyjama
pyramid: (la) pyramide

Q

Qatar: (le) Qatar
quarter of an hour: un quart d'heure
quartz: (le) quartz
question mark: (le) point d'interrogation
quick: rapide (rapide, rapides, rapides)
quickstep: (le) quickstep
quiet: calme (calme, calmes, calmes)
quote: citer (cite, avoir cité, citant)

R

rabbi: (le) rabbin
rabbit: (le) lapin
raccoon: (le) raton laveur
racing bicycle: (le) vélo de course
radar: (le) radar
radiator: (le) radiateur
radio: (la) radio
radiology: (la) radiologie
radish: (le) radis
radium: (le) radium

radius: (le) rayon
radon: (le) radon
rafting: (le) rafting
railtrack: (la) voie ferrée
rain: (la) pluie
rainbow: (le) arc-en-ciel (l'arc-en-ciel)
raincoat: (le) imperméable (l'imperméable)
rainforest: (la) forêt tropicale
rainy: pluvieux (pluvieuse, pluvieux, pluvieuses)
raisin: (le) raisin sec
rake: (le) râteau
rally racing: (le) rallye
Ramadan: (le) Ramadan
ramen: (les) ramen
random access memory (RAM): (la) mémoire vive (RAM)
rap: (le) rap
rapeseed oil: (la) huile de colza (l'huile de colza)
rash: (la) éruption cutanée (l'éruption cutanée)
raspberry: (la) framboise
rat: (le) rat
rattle: (le) hochet
raven: (le) corbeau
raw: brut (brute, bruts, brutes)
razor: (le) rasoir
razor blade: (la) lame de rasoir
read: lire (lis, avoir lu, lisant)
reading room: (la) salle de lecture
real-estate agent: (le) agent immobilier (l'agent immobilier)
really: vraiment
rear light: (le) feu arrière
rear mirror: (le) rétroviseur
rear trunk: (le) coffre
receptionist: (le) réceptionniste
record player: (le) tourne-disque
rectangle: (le) rectangle
recycle bin: (la) poubelle
red: rouge (rouge, rouges, rouges)
red panda: (le) panda roux
Red Sea: (la) mer Rouge
red wine: (le) vin rouge
reed: (le) roseau
referee: (le) arbitre (l'arbitre)
reggae: (le) reggae
region: (la) région
relax: se détendre
remote control: (la) télécommande
reporter: (le) journaliste
Republic of the Congo: (la) République du Congo
rescue: secourir (secours, avoir secouru, secourant)
research: (la) recherche
reservation: (la) réservation
respiratory machine: (le) respirateur artificiel
rest: se reposer (me repose, s'être reposé, se reposant)
restaurant: (le) restaurant
result: (le) résultat
retirement: (la) retraite
rhenium: (le) rhénium
rhino: (le) rhinocéros

rhodium: (le) rhodium
rhomboid: (le) parallélogramme
rhombus: (la) losange
rhythmic gymnastics: (la) gymnastique rythmique
rib: (la) côte
rice: (le) riz
rice cooker: (le) cuiseur à riz
rich: riche (riche, riches, riches)
right: droite (droite, droits, droites)
right angle: (le) angle droit (l'angle droit)
ring: (la) bague
ring finger: (le) annulaire (l'annulaire)
river: (la) rivière
road: (la) route
road roller: (le) rouleau compresseur
roast chicken: (le) poulet rôti
roast pork: (le) rôti de porc
robot: (le) robot
rock: (le) rock , (le) rocher
rock 'n' roll: (le) rock' n' roll
rocket: (la) fusée
rocking chair: (la) chaise à bascule
roentgenium: (le) roentgenium
roll: rouler (roule, avoir roulé, roulant)
roller coaster: (les) montagnes russes
roller skating: (le) patinage à roulettes
Romania: (la) Roumanie
roof: (le) toit
roof tile: (la) tuile
room key: (la) clé de la chambre
room number: (le) numéro de chambre
room service: (le) service de chambre
root: (la) racine
rose: (la) rose
rosemary: (le) romarin
round: rond (ronde, ronds, rondes)
roundabout: (le) rond-point
router: (le) routeur
row: (la) rangée
rowing: (le) aviron (l'aviron)
rowing boat: (la) barque
rubber: (la) gomme
rubber band: (le) élastique (lélastique)
rubber boat: (le) bateau pneumatique
rubber stamp: (le) timbre
rubidium: (le) rubidium
ruby: (le) rubis
rugby: (le) rugby
ruin: (la) ruine
ruler: (la) règle
rum: (le) rhum
rumba: (la) rumba
run: courir (cours, avoir couru, courant)
running: (la) course à pied
runway: (la) piste d'atterrissage
rush hour: (la) heure de pointe (l'heure de pointe)
Russia: (la) Russie
ruthenium: (le) ruthénium

rutherfordium: (le) rutherfordium
Rwanda: (le) Rwanda

S

sad: triste (triste, tristes, tristes)
saddle: (la) selle
safe: sûr (sûre, sûrs, sûres), (le) coffre-fort
safety glasses: (les) lunettes de protection
Sahara: (le) Sahara
sail: (la) voile
sailing: (la) voile
sailing boat: (le) voilier
Saint Kitts and Nevis: (le) Saint-Christophe-et-Niévès
Saint Lucia: (la) Sainte-Lucie
Saint Vincent and the Grenadines: (le) Saint-Vincent-et-les-Grenadines
sake: (le) saké
salad: (la) salade
salami: (le) salami
salary: (le) salaire
sales: (les) ventes
salmon: (le) saumon
salsa: (la) salsa
salt: (le) sel
salty: salé (salée, salés, salées)
samarium: (le) samarium
samba: (la) samba
Samoa: (le) Samoa
sand: (le) sable
sandals: (les) sandales
sandbox: (le) bac à sable
sandwich: (le) sandwich
sanitary towel: (la) serviette hygiénique
San Marino: (le) Saint-Marin
sapphire: (le) saphir
sardine: (la) sardine
satellite: (le) satellite
satellite dish: (la) antenne parabolique (l'antenne parabolique)
Saturday: samedi
Saturn: Saturne
Saudi Arabia: (la) Arabie Saoudite (l'Arabie Saoudite)
sauna: (le) sauna
sausage: (la) saucisse
savings: (le) épargne (l'épargne)
saw: scier (scie, avoir scié, sciant), (la) scie
saxophone: (le) saxophone
scaffolding: (le) échafaudage (l'échafaudage)
scale: (la) balance
scalpel: (le) scalpel
scan: scanner (scanne, avoir scanné, scannant)
scandium: (le) scandium
scanner: (le) scanner
scarf: (la) écharpe (l'écharpe)
scholarship: (la) bourse
school: (la) école (l'école)
schoolbag: (le) cartable
school bus: (le) autobus scolaire (l'autobus scolaire)

school uniform: (le) uniforme scolaire (l'uniforme scolaire)
schoolyard: (la) cour de récréation
science: (la) science
science fiction: (la) science-fiction
scientist: (le) scientifique
scissors: (les) ciseaux
scorpion: (le) scorpion
scrambled eggs: (la) omelette (l'omelette)
screen: (le) écran (l'écran)
screwdriver: (le) tournevis
screw wrench: (la) clé à molette
script: (le) scénario
scrollbar: (la) barre de défilement
scrotum: (le) scrotum
scrunchy: (le) élastique à cheveux (l'élastique à cheveux)
sculpting: (la) sculpture
sea: (la) mer
seaborgium: (le) seaborgium
seafood: (les) fruits de mer
seagull: (la) mouette
sea horse: (le) hippocampe (l'hippocampe)
seal: (le) phoque
sea lion: (le) lion de mer
seat: (le) siège
seatbelt: (la) ceinture de sécurité
seaweed: (la) algue (l'algue)
second: (la) seconde , deuxième
second-hand shop: (la) friperie
second basement floor: (le) deuxième étage du sous-sol
secretary: (la) secrétaire
security camera: (la) caméra de sécurité
security guard: (le) agent de sécurité (l'agent de sécurité)
seed: (la) graine
see you later: à plus tard
selenium: (le) sélénium
sell: vendre (vends, avoir vendu, vendant)
semicolon: (le) point-virgule
Senegal: (le) Sénégal
September: septembre
Serbia: (la) Serbie
server: (le) serveur
sewage plant: (la) station d'épuration
sewing machine: (la) machine à coudre
sex: (le) sexe
sexy: sexy (sexy, sexys, sexys)
Seychelles: (les) Seychelles
shallow: peu profond (peu profonde, peu profonds, peu profondes)
shampoo: (le) shampooing
share: partager (partage, avoir partagé, partageant), (la) action (l'action)
share price: (le) cours de l'action
shark: (le) requin
shaver: (le) rasoir électrique
shaving foam: (la) mousse à raser
she: elle
shed: (le) abri de jardin (l'abri de jardin)
sheep: (le) mouton
shelf: (la) étagère (l'étagère)
shell: (le) coquillage

shinpad: (le) protège-tibia
ship: (le) navire
shirt: (la) chemise
shiver: frissonner (frissonne, avoir frissonné, frissonnant)
shock absorber: (le) amortisseur (l'amortisseur)
shoe cabinet: (la) armoire à chaussures (l'armoire à chaussures)
shoot: tirer (tire, avoir tiré, tirant)
shooting: (le) tir
shop assistant: (le) vendeur
shopping basket: (le) panier
shopping cart: (le) chariot
shopping mall: (le) centre commercial
shore: (le) rivage
short: court (courte, courts, courtes), petit (petite, petits, petites)
shorts: (le) short
short track: (le) patinage de vitesse sur piste courte
shot put: (le) lancer de poids
shoulder: (la) épaule (l'épaule)
shoulder blade: (la) omoplate (l'omoplate)
shout: crier (crie, avoir crié, criant)
shovel: (la) pelle
shower: (la) douche
shower cap: (le) bonnet de douche
shower curtain: (le) rideau de douche
shower gel: (le) gel douche
show jumping: (le) saut d'obstacles
shrink: rétrécir (rétrécis, avoir rétréci, rétrécissant)
shuttlecock: (le) volant
shy: timide (timide, timides, timides)
siblings: (les) frères et sœurs
sick: malade (malade, malades, malades)
side dish: (le) accompagnement (l'accompagnement)
side door: (la) porte latérale
side effect: (le) effet secondaire (l'effet secondaire)
Sierra Leone: (la) Sierra Leone
signal: (le) signal
signature: (la) signature
silent: silencieux (silencieuse, silencieux, silencieuses)
silicon: (le) silicium
silk: (la) soie
silly: idiot (idiote, idiots, idiotes)
silver: (le) argent (l'argent)
silver medal: (la) médaille d'argent
sing: chanter (chante, avoir chanté, chantant)
Singapore: (le) Singapour
singer: (le) chanteur
single room: (la) chambre simple
sink: (le) évier (l'évier)
siren: (la) sirène
sister-in-law: (la) belle-sœur
sit: s'asseoir (m'assois, s'être assis, s'assoyant)
sit-ups: faire des abdominaux
skateboarding: (le) skateboard
skates: (les) patins
skeleton: (le) skeleton , (le) squelette
skewer: (la) brochette
ski: (le) ski
skiing: (le) ski

ski jumping: (le) saut à ski
skinny: maigre (maigre, maigres, maigres)
ski pole: (le) bâton de ski
ski resort: (la) station de ski
skirt: (la) jupe
ski suit: (la) combinaison de ski
skull: (le) crâne
skyscraper: (le) gratte-ciel
sledge: (le) traîneau
sleep: dormir (dors, avoir dormi, dormant)
sleeping bag: (le) sac de couchage
sleeping mask: (le) masque de nuit
sleeping pill: (le) somnifère
sleeve: (la) manche
slide: (le) toboggan
slim: mince (mince, minces, minces)
slippers: (les) chaussons
slope: (la) pente
Slovakia: (la) Slovaquie
Slovenia: (la) Slovénie
slow: lent (lente, lents, lentes)
small: petit (petite, petits, petites)
small intestine: (le) intestin grêle (l'intestin grêle)
smartphone: (le) smartphone
smell: sentir (sens, avoir senti, sentant)
smile: sourire (souris, avoir souri, souriant)
smoke: fumer (fume, avoir fumé, fumant)
smoke detector: (le) détecteur de fumée
smoothie: (le) smoothie
smoothing plane: (le) rabot
snack: (le) en-cas (l'en-cas)
snail: (le) escargot (l'escargot)
snake: (le) serpent
snare drum: (la) caisse claire
snooker: (le) snooker
snooker table: (la) table de billard
snow: (la) neige
snowboarding: (le) snowboard
snowmobile: (la) motoneige
soap: (le) savon
sober: sobre (sobre, sobres, sobres)
social media: (les) réseaux sociaux
sock: (la) chaussette
soda: (la) eau gazeuse (l'eau gazeuse)
sodium: (le) sodium
sofa: (le) canapé
soft: doux (douce, doux, douces)
soil: (la) terre
solar eclipse: (la) éclipse solaire (l'éclipse solaire)
solar panel: (le) collecteur solaire
soldier: (le) soldat
sole: (la) semelle
solid: (le) solide
Solomon Islands: (les) Îles Salomon
Somalia: (la) Somalie
son: (le) fils
son-in-law: (le) beau-fils
soother: (la) tétine

sore throat: (le) mal de gorge
sorry: désolé
soup: (la) soupe
sour: aigre (aigre, aigres, aigres)
sour cream: (la) crème aigre
south: Sud
South Africa: (la) Afrique du Sud (l'Afrique du Sud)
southern hemisphere: (le) hémisphère sud (l'hémisphère sud)
South Korea: (la) Corée du Sud
South Pole: (le) pôle Sud
South Sudan: (le) Soudan du Sud
souvenir: (le) souvenir
soy: (le) soja
soy milk: (le) lait de soja
space: (le) espace (l'espace)
space shuttle: (la) navette spatiale
space station: (la) station spatiale
space suit: (la) combinaison spatiale
spaghetti: (les) spaghettis
Spain: (la) Espagne (l'Espagne)
Spanish: (le) espagnol (l'espagnol)
sparkling wine: (le) vin pétillant
speed limit: (la) limitation de vitesse
speedometer: (le) compteur de vitesse
speed skating: (le) patinage de vitesse
sperm: (le) sperme
sphere: (la) sphère
spider: (la) araignée (l'araignée)
spinach: (les) épinards
spinal cord: (la) moelle épinière
spine: (la) colonne vertébrale
spirit level: (le) niveau
spit: cracher (crache, avoir craché, crachant)
spleen: (la) rate
sponge: (la) éponge (l'éponge)
spoon: (la) cuillère
sports ground: (le) terrain de sport
sports shop: (le) magasin de sport
spray: (le) aérosol (l'aérosol)
spring: (le) printemps
spring onion: (la) ciboule
spring roll: (le) rouleau de printemps
sprint: (le) sprint
square: angulaire (angulaire, angulaires, angulaires), (le) carré , (la) place
square meter: (le) mètre carré
squat: (la) flexion de jambes
squid: (le) calamar
squirrel: (le) écureuil (l'écureuil)
Sri Lanka: (le) Sri Lanka
staff: (le) personnel
stage: (la) scène
stairs: (les) escaliers
stalk: (la) tige
stamp: (le) timbre
stand: être debout (suis, avoir été, étant)
stapler: (la) agrafeuse (l'agrafeuse)
star: (la) étoile (l'étoile)
stare: fixer (fixe, avoir fixé, fixant)

starfish: (la) étoile de mer (l'étoile de mer)
starter: (la) entrée (l'entrée)
state: (le) état (l'état)
steak: (le) steak
steal: voler (vole, avoir volé, volant)
steam train: (le) train à vapeur
steel: (le) acier (l'acier)
steel beam: (la) poutre en acier
steep: raide (raide, raides, raides)
steering wheel: (le) volant
stepdaughter: (la) belle-fille
stepfather: (le) beau-père
stepmother: (la) belle-mère
stepson: (le) beau-fils
stethoscope: (le) stéthoscope
stewardess: (la) hôtesse (l'hôtesse)
stockbroker: (le) agent de change (l'agent de change)
stock exchange: (la) bourse des valeurs
stocking: (les) bas
stomach: (le) estomac (l'estomac)
stomach ache: (le) mal au ventre
stool: (le) tabouret
stopwatch: (le) chronomètre
stork: (la) cigogne
storm: (la) tempête
straight: droit (droite, droits, droites)
straight line: (la) ligne droite
strange: étrange (étrange, étranges, étranges)
strawberry: (la) fraise
stream: (le) ruisseau
street food: (la) nourriture vendue dans la rue
street light: (le) éclairage public (l'éclairage public)
stress: (le) stress
stretching: (le) étirement (l'étirement)
strict: strict (stricte, stricts, strictes)
stroke: (le) accident vasculaire cérébral (AVC) (l'accident vasculaire cérébral (AVC))
strong: fort (forte, forts, fortes)
strontium: (le) strontium
study: étudier (étudie, avoir étudié, étudiant)
stupid: stupide (stupide, stupides, stupides)
submarine: (le) sous-marin
subtraction: (la) soustraction
suburb: (la) banlieue
subway: (le) métro
Sudan: (le) Soudan
suddenly: soudainement
Sudoku: (le) Sudoku
sugar: (le) sucre
sugar beet: (la) betterave à sucre
sugar cane: (la) canne à sucre
sugar melon: (le) melon cantaloup
suit: (le) costume
sulphur: (le) soufre
summer: (le) été (l'été)
sun: (le) soleil
sunburn: (le) coup de soleil
Sunday: dimanche
sunflower: (le) tournesol

sunflower oil: (la) huile de tournesol (l'huile de tournesol)
sunglasses: (la) paire de lunettes de soleil
sun hat: (le) chapeau de soleil
sunny: ensoleillé (ensoleillée, ensoleillés, ensoleillées)
sunscreen: (la) crème solaire
sunshine: (le) soleil
supermarket: (le) supermarché
surfboard: (la) planche de surf
surfing: (le) surf
surgeon: (le) chirurgien
surgery: (la) opération , (la) chirurgie
Suriname: (le) Suriname
surprised: surpris (surprise, surpris, surprises)
sushi: (le) sushi
suspect: (le) suspect
suture: (la) suture
swallow: avaler (avale, avoir avalé, avalant)
swan: (le) cygne
Swaziland: (le) Swaziland
sweatband: (le) bandeau
sweater: (le) pull
sweatpants: (le) pantalon de survêtement
Sweden: (la) Suède
sweet: sucré (sucrée, sucrés, sucrées)
sweet potato: (la) patate douce
swim: nager (nage, avoir nagé, nageant)
swim cap: (le) bonnet de bain
swim goggles: (la) lunettes de natation
swimming: (la) natation
swimming pool: (la) piscine
swimsuit: (le) maillot de bain
swim trunks: (le) maillot
swing: (la) balançoire
Switzerland: (la) Suisse
symphony: (la) symphonie
synagogue: (la) synagogue
synchronized swimming: (la) natation synchronisée
Syria: (la) Syrie
syringe: (la) seringue
São Tomé and Príncipe: (la) São Tomé-et-Príncipe

T

T-shirt: (le) t-shirt
table: (la) table
tablecloth: (la) nappe
table of contents: (le) sommaire
table tennis: (le) tennis de table
table tennis table: (la) table de ping-pong
taekwondo: (le) taekwondo
tailor: (le) tailleur
Taiwan: (le) Taïwan
Tajikistan: (le) Tadjikistan
take: prendre (prends, avoir pris, prenant)
take a shower: se doucher (me douche, s'être douché, se douchant)
take care: prends soin de toi
talk: parler (parle, avoir parlé, parlant)

tall: grand (grande, grands, grandes)
tambourine: (le) tambourin
tampon: (le) tampon
tandem: (le) tandem
tangent: (la) tangente
tango: (le) tango
tank: (le) tank
tantalum: (le) tantale
Tanzania: (la) Tanzanie
tap: (le) robinet
tape measure: (le) mètre à ruban
tapir: (le) tapir
tap water: (la) eau du robinet (l'eau du robinet)
tar: (le) goudron
tarantula: (la) tarentule
tattoo: (le) tatouage
tax: (le) impôt (l'impôt)
taxi: (le) taxi
taxi driver: (le) chauffeur de taxi
tea: (le) thé
teacher: (le) professeur
teapot: (la) théière
technetium: (le) technétium
telephone: (le) téléphone
telephone number: (le) numéro de téléphone
telescope: (le) télescope
tellurium: (le) tellure
temperature: (la) température
temple: (la) tempe , (le) temple
tendon: (le) tendon
tennis: (le) tennis
tennis ball: (la) balle de tennis
tennis court: (le) terrain de tennis
tennis racket: (la) raquette de tennis
tent: (la) tente
tequila: (la) tequila
terbium: (le) terbium
term: (le) semestre
termite: (le) termite
terrace: (la) terrasse
territory: (le) territoire
testament: (le) testament
testicle: (la) testicule
Tetris: Tetris
text: (le) texte
textbook: (le) manuel
text message: (le) texto
Thailand: (la) Thaïlande
thallium: (le) thallium
Thanksgiving: Thanksgiving
thank you: merci
that: ça
theatre: (le) théâtre
The Bahamas: (les) Bahamas
the day after tomorrow: après-demain
the day before yesterday: avant-hier
The Gambia: (la) Gambie
their company: leur entreprise

theme park: (le) parc d'attractions
then: puis
theory of relativity: (la) théorie de la relativité
there: là
thermal underwear: (le) sous-vêtement thermique
thermos jug: (la) thermos
thesis: (la) thèse
The United States of America: (les) États-Unis d'Amérique
they: ils
thief: (le) voleur
think: penser (pense, avoir pensé, pensant)
third: troisième
thirsty: assoiffé (assoiffée, assoiffés, assoiffées)
this: cette
this month: ce mois-ci
this week: cette semaine
this year: cette année
thong: (le) string
thorium: (le) thorium
threaten: menacer (menace, avoir menacé, menaçant)
three quarters of an hour: trois quarts d'heure
thriller: (le) thriller
throttle: (la) accélérateur (l'accélérateur)
throw: jeter (jette, avoir jeté, jetant)
thulium: (le) thulium
thumb: (le) pouce
thunder: (le) tonnerre
thunderstorm: (le) orage (l'orage)
Thursday: jeudi
thyme: (le) thym
ticket: (le) ticket
ticket office: (le) guichet
ticket vending machine: (le) distributeur de tickets
tidal wave: (le) tsunami
tie: (la) cravate
tiger: (le) tigre
tile: (le) carreau
timetable: (les) horaires
tin: (le) étain (l'étain), (la) boite de conserve
tip: (le) pourboire
tired: fatigué (fatiguée, fatigués, fatiguées)
tissue: (le) mouchoir en papier
titanium: (le) titane
toaster: (le) grille-pain
tobacco: (le) tabac
today: aujourd'hui
toe: (le) orteil (l'orteil)
tofu: (le) tofu
together: ensemble
Togo: (le) Togo
toilet: (les) toilettes
toilet brush: (la) brosse à toilettes
toilet paper: (le) papier toilette
toll: (le) péage
tomasauce: (la) sauce tomate
tomato: (la) tomate
tomorrow: demain
ton: (la) tonne

Tonga: (le) Tonga
tongue: (la) langue
tooth: (la) dent
toothache: (le) mal de dents
toothbrush: (la) brosse à dents
toothpaste: (le) dentifrice
torch: (la) torche
tornado: (la) tornade
tortoise: (la) tortue
touch: toucher (touche, avoir touché, touchant)
tour guide: (le) guide touristique
tourist attraction: (la) attraction touristique (l'attraction touristique)
tourist guide: (le) guide touristique
tourist information: (la) office du tourisme (l'office du tourisme)
towel: (la) serviette
town hall: (la) mairie
toy shop: (le) magasin de jouets
track cycling: (le) cyclisme sur piste
tracksuit: (le) survêtement
tractor: (le) tracteur
traffic jam: (le) embouteillage (l'embouteillage)
traffic light: (le) feu
trailer: (la) remorque
train: (le) train
train driver: (le) conducteur de train
trainers: (les) chaussures de sport
train station: (la) gare
tram: (le) tram
trampoline: (le) trampoline
trapezoid: (le) trapèze
travel: voyager (voyage, avoir voyagé, voyageant)
travel agent: (le) agent de voyage (l'agent de voyage)
treadmill: (le) tapis de course
tree: (le) arbre (l'arbre)
tree house: (la) cabane dans l'arbre
triangle: (le) triangle
triathlon: (le) triathlon
Trinidad and Tobago: (la) Trinité-et-Tobago
triple jump: (le) triple saut
triplets: (les) triplés
tripod: (le) trépied
trombone: (le) trombone
tropics: (les) tropiques
trousers: (le) pantalon
truffle: (la) truffe
trumpet: (la) trompette
trunk: (le) tronc
tuba: (le) tuba
Tuesday: mardi
tulip: (la) tulipe
tuna: (le) thon
tungsten: (le) tungstène
Tunisia: (la) Tunisie
Turkey: (la) Turquie
turkey: (la) dinde
Turkmenistan: (le) Turkménistan
turnip cabbage: (le) chou-navet
turn left: tourne à gauche

turn off: éteindre (éteins, avoir éteint, éteignant)
turn on: allumer (allume, avoir allumé, allumant)
turn right: tourne à droite
turtle: (la) tortue marine
Tuvalu: (les) Tuvalu
TV: (la) télé
TV series: (la) série télé
TV set: (le) poste de télévision
tweezers: (la) pince à épiler
twins: (les) jumeaux
twisting: sinueux (sinueuse, sinueux, sinueuses)
two o'clock in the afternoon: deux heures de l'après-midi
typhoon: (le) typhon
tyre: (le) pneu

U

Uganda: (la) Ouganda (l'Ouganda)
ugly: laid (laide, laids, laides)
Ukraine: (la) Ukraine (l'Ukraine)
ukulele: (le) ukulélé
ultrasound machine: (le) appareil à ultrasons (l'appareil à ultrasons)
umbrella: (le) parapluie
uncle: (le) oncle (l'oncle)
underpants: (la) culotte
underpass: (le) passage souterrain
underscore: (le) souligné
undershirt: (le) maillot de corps
unfair: injuste (injuste, injustes, injustes)
uniform: (le) uniforme (l'uniforme)
United Arab Emirates: (les) Émirats Arabes Unis
United Kingdom: (le) Royaume-Uni
university: (la) université (l'université)
uranium: (le) uranium (l'uranium)
Uranus: Uranus
url: (la) URL (l'URL)
urn: (la) urne (l'urne)
urology: (la) urologie (l'urologie)
Uruguay: (le) Uruguay (l'Uruguay)
USB stick: (la) clé USB
uterus: (le) utérus (l'utérus)
utility knife: (le) cutter
Uzbekistan: (la) Ouzbékistan (l'Ouzbékistan)

V

vacuum: passer l'aspirateur (passe, être passé, passant)
vacuum cleaner: (le) aspirateur (l'aspirateur)
vagina: (le) vagin
valley: (la) vallée
vanadium: (le) vanadium
vanilla: (la) vanille
vanilla sugar: (le) sucre vanillé
Vanuatu: (le) Vanuatu
varnish: (le) vernis

vase: (le) vase
Vatican City: (la) Cité du Vatican
veal: (le) veau
vector: (le) vecteur
vein: (la) veine
Venezuela: (le) Venezuela
Venus: Vénus
vertebra: (la) vertèbre
very: très
vet: (le) vétérinaire
Viennese waltz: (la) valse viennoise
Vietnam: (le) Viêt-Nam
village: (le) village
vinegar: (le) vinaigre
viola: (le) alto (l'alto)
violin: (le) violon
virus: (le) virus
visa: (le) visa
visiting hours: (les) heures de visite
visitor: (le) visiteur
vitamin: (la) vitamine
vocational training: (la) formation professionnelle
vodka: (la) vodka
voice message: (le) message vocal
volcano: (le) volcan
volleyball: (le) volleyball
volt: (le) volt
volume: (le) volume
vomit: vomir (vomis, avoir vomi, vomissant)
vote: voter (vote, avoir voté, votant)

W

waffle: (la) gaufre
waist: (la) taille
wait: attendre (attends, avoir attendu, attendant)
waiter: (le) serveur
waiting room: (la) salle d'attente
walk: marcher (marche, avoir marché, marchant)
walkie-talkie: (le) talkie-walkie
wall: (le) mur
wallet: (le) portefeuille
walnut: (la) noix
walrus: (le) morse
waltz: (la) valse
wardrobe: (la) armoire (l'armoire)
warehouse: (le) entrepôt (l'entrepôt)
warm: chaud (chaude, chauds, chaudes)
warm-up: (le) échauffement (l'échauffement)
warn: avertir (avertis, avoir averti, avertissant)
warning light: (le) témoin lumineux
warranty: (la) garantie
wash: laver (lave, avoir lavé, lavant)
washing machine: (la) machine à laver
washing powder: (la) poudre à laver
wasp: (la) guêpe
watch: regarder (regarde, avoir regardé, regardant), (la) montre

water: (la) eau (l'eau)
water bottle: (la) bouteille d'eau
water can: (le) arrosoir (l'arrosoir)
waterfall: (la) cascade
water melon: (la) pastèque
water park: (le) parc aquatique
water polo: (le) water-polo
waterskiing: (le) ski nautique
water slide: (le) toboggan aquatique
watt: (le) watt
we: nous
weak: faible (faible, faibles, faibles)
webcam: (la) webcam
website: (le) site internet
wedding: (le) mariage
wedding cake: (le) gâteau de mariage
wedding dress: (la) robe de mariée
wedding ring: (la) alliance (l'alliance)
Wednesday: mercredi
weed: (la) mauvaise herbe
week: (la) semaine
weightlifting: (la) haltérophilie (l'haltérophilie)
welcome: bienvenue
well-behaved: sage (sage, sages, sages)
wellington boots: (les) bottes en caoutchouc
west: Ouest
western film: (le) western
wet: mouillé (mouillée, mouillés, mouillées)
wetsuit: (la) combinaison de plongée
whale: (la) baleine
what: quoi
What's your name?: Quel est ton nom ?
wheat: (le) blé
wheelbarrow: (la) brouette
wheelchair: (le) fauteuil roulant
when: quand
where: où
Where is the toilet?: Où sont les toilettes ?
which: lequel
whip: (la) cravache
whipped cream: (la) crème fouettée
whiskey: (le) whisky
whisper: chuchoter (chuchote, avoir chuchoté, chuchotant)
white: blanc (blanche, blancs, blanches)
white wine: (le) vin blanc
who: qui
why: pourquoi
widow: (la) veuve
widower: (le) veuf
width: (la) largeur
wife: (la) femme
wig: (la) perruque
willow: (le) saule
win: gagner (gagne, avoir gagné, gagnant)
wind: (le) vent
wind farm: (le) champ d'éoliennes
window: (la) fenêtre
windpipe: (la) trachée

windscreen: (le) pare-brise
windscreen wiper: (le) essuie-glace (l'essuie-glace)
windsurfing: (la) planche à voile
windy: venteux (venteuse, venteux, venteuses)
wine: (le) vin
wing: (la) aile (l'aile)
wing mirror: (le) rétroviseur extérieur
winter: (le) hiver (l'hiver)
wire: (le) fil
witness: (le) témoin
wolf: (le) loup
woman: (la) femme
womb: (le) utérus (l'utérus)
wooden beam: (la) poutre en bois
wooden spoon: (la) cuillère en bois
woodwork: (les) boiseries
wool: (la) laine
work: travailler (travaille, avoir travaillé, travaillant)
workroom: (le) cabinet
world record: (le) record du monde
worried: inquiet (inquiète, inquiets, inquiètes)
wound: (la) plaie
wrestling: (la) lutte
wrinkle: (la) ride
wrist: (le) poignet
write: écrire (écris, avoir écrit, écrivant)
wrong: faux (fausse, faux, fausses)

X

X-ray photograph: (la) radiographie
xenon: (le) xénon
xylophone: (le) xylophone

Y

yacht: (le) yacht
yard: (le) yard
year: (la) année (l'année)
yeast: (la) levure de boulanger
yellow: jaune (jaune, jaunes, jaunes)
Yemen: (le) Yémen
yen: (le) yen
yesterday: hier
yoga: (le) yoga
yoghurt: (le) yaourt
yolk: (le) jaune d'œuf
you: tu , vous
young: jeune (jeune, jeunes, jeunes)
your cat: votre chat
your team: votre équipe
ytterbium: (le) ytterbium (l'ytterbium)
yttrium: (le) yttrium
yuan: (le) yuan

Z

Zambia: (la) Zambie
zebra: (le) zèbre
Zimbabwe: (la) Zimbabwe
zinc: (le) zinc
zip code: (le) code postal
zipper: (la) fermeture éclair
zirconium: (le) zirconium
zoo: (le) zoo

French - English

A

abeille: bee
abricot: apricot
abri de jardin: shed
acacia: acacia
accident: accident
accident vasculaire cérébral (AVC): stroke
accompagnement: side dish
accordéon: accordion
accouchement: delivery
accélérateur: throttle
acheter: to buy
acier: steel
acteur: actor
actinium: actinium
action: share
acupuncture: acupuncture
addition: addition
adhésion: membership
adresse: address
adresse e-mail: e-mail address
affaire: case
affamé: hungry
Afghanistan: Afghanistan
Afrique du Sud: South Africa
agent d'entretien: cleaner
agent de change: stockbroker
agent de sécurité: security guard
agent de voyage: travel agent
agent immobilier: real-estate agent
agneau: lamb
agrafeuse: stapler
agriculteur: farmer
aider: to help
aigle: eagle
aigre: sour
aiguille: needle
ail: garlic
aile: wing
ailes de poulet: chicken wings
aimant: magnet
aimer: to love
airbag: airbag
aire: area
aire de jeu: playground
alarme incendie: fire alarm
Albanie: Albania
album photo: photo album
algue: seaweed
Algérie: Algeria
alimenter: to feed
Allemagne: Germany

allemand: German
allergie: allergy
alliance: wedding ring
allumer: to turn on
allumette: match
alphabet: alphabet
alpinisme: mountaineering
alto: viola
aluminium: aluminium
amande: almond
Amazone: Amazon
ambassade: embassy
ambulance: ambulance
amende: fine
ami: friend
amical: friendly
amortisseur: shock absorber
amour: love
amphithéâtre: lecture theatre
ampoule: light bulb
ampère: ampere
américium: americium
analgésique: painkiller
analyse de sang: blood test
ananas: pineapple
ancre: anchor
Andes: Andes
Andorre: Andorra
aneth: dill
ange: angel
anglais: English
angle: angle
angle droit: right angle
Angola: Angola
angulaire: square
animalerie: pet shop
animateur: host
anniversaire: birthday
annulaire: ring finger
année: year
année dernière: last year
année prochaine: next year
anorak: anorak
antenne parabolique: satellite dish
anti-cernes: concealer
antibiotiques: antibiotics
antigel: antifreeze fluid
Antigua-et-Barbuda: Antigua and Barbuda
antimoine: antimony
antiseptique: antiseptic
anus: anus
août: August
apostrophe: apostrophe
appareil dentaire: dental brace
appareil photo: camera
appareil photo numérique: digital camera
appareil à ultrasons: ultrasound machine
appartement: apartment

appendice: appendix
appli: app
apprenti: apprentice
apprécier: to like
appuyer: to press
après-demain: the day after tomorrow
après-midi: afternoon
après-rasage: aftershave
aquarium: aquarium
arabe: Arabic
Arabie Saoudite: Saudi Arabia
araignée: spider
arbitre: referee
arbre: tree
arc-en-ciel: rainbow
architecte: architect
argent: money
Argentine: Argentina
argile: clay
argon: argon
arithmétique: arithmetic
armoire: wardrobe
armoire à chaussures: shoe cabinet
Arménie: Armenia
aromathérapie: aromatherapy
arrivée: arrival
arrière: back
arrosoir: water can
arrêt de bus: bus stop
arsenic: arsenic
art: art
artichaut: artichoke
article: article
artiste: artist
artère: artery
Aruba: Aruba
arête de poisson: fishbone
ascenseur: elevator
aspirateur: vacuum cleaner
aspirine: aspirin
assiette: plate
assistant: assistant
assoiffé: thirsty
assurance: insurance
astate: astatine
asthme: asthma
astéroïde: asteroid
atmosphère: atmosphere
atome: atom
attaquer: to attack
attendre: to wait
attraction touristique: tourist attraction
attraper: to catch
au-dessus: above
auberge: hostel
aubergine: aubergine
aucun: none
aujourd'hui: today

au revoir: good bye
aurore: aurora
Australie: Australia
auteur: author
autobus scolaire: school bus
automatique: automatic
automne: autumn
autoroute: motorway
autre: other
Autriche: Austria
autruche: ostrich
avaler: to swallow
avant: front
avant-hier: the day before yesterday
avenue: avenue
avertir: to warn
avertisseur sonore: horn
aveugle: blind
avion: plane
avion cargo: cargo aircraft
aviron: rowing
avocat: lawyer
avoine: oat
avril: April
Azerbaïdjan: Azerbaijan
azote: nitrogen
aérobic: aerobics
aéroport: airport
aérosol: spray

B

babeurre: buttermilk
babyphone: baby monitor
backgammon: backgammon
bactérie: bacterium
bac à sable: sandbox
badminton: badminton
bagage à main: carry-on luggage
bague: ring
bague de fiançailles: engagement ring
baguette: chopstick
Bahamas: The Bahamas
Bahreïn: Bahrain
baignoire: bathtub
baiser: kiss
balai: broom
balance: scale
balançoire: swing
balcon: balcony
baleine: whale
balle de golf: golf ball
balle de tennis: tennis ball
ballerines: ballet shoes
ballet: ballet
ballon de basket: basketball
ballon de football: football

ballon de football américain: football
bambou: bamboo
banane: banana
banc: bench
bandage: bandage
bandeau: sweatband
bande dessinée: comic book
Bangladesh: Bangladesh
banlieue: suburb
banquette arrière: back seat
bar: bar
Barbade: Barbados
barbe: beard
barbecue: barbecue
barbe à papa: candy floss
barman: barkeeper
barque: rowing boat
barrage: dam
barre de défilement: scrollbar
barrette: barrette
barre à disques: barbell
baryum: barium
bas: stocking
baseball: baseball
base de données: database
basilic: basil
basketball: basketball
basse: bass guitar
bassin: pelvis
basson: bassoon
bateau de pêche: fishing boat
bateau pneumatique: rubber boat
batte de base-ball: bat
batterie: drums
baume pour les lèvres: lip balm
bavette: bib
beach-volley: beach volleyball
beau: handsome
beau-fils: stepson
beau-frère: brother-in-law
beau-père: stepfather
beaucoup: many
beaux-parents: parents-in-law
beige: beige
beignet: doughnut
Belgique: Belgium
Belize: Belize
belle-fille: stepdaughter
belle-mère: stepmother
belle-sœur: sister-in-law
berkélium: berkelium
betterave à sucre: sugar beet
beurre: butter
beurre de cacahuète: peanut butter
Bhoutan: Bhutan
biathlon: biathlon
biberon: baby bottle
bibliothèque: library

bibliothécaire: librarian
bien que: although
bien sûr: of course
bienvenue: welcome
bijoutier: jeweller
bikini: bikini
billard: billiards
billet: note
biologie: biology
Birmanie: Burma
biscuit: biscuit
bismuth: bismuth
bison: bison
bitume: asphalt
bière: beer
Biélorussie: Belarus
blague: joke
blanc: white
blanc d'œuf: egg white
blazer: blazer
blesser: to injure
blessure: injury
blessure à la tête: head injury
bleu: bruise
blond: blond
blues: blues
blé: wheat
bobsleigh: bobsleigh
bocal: jar
bohrium: bohrium
boire: to drink
boiseries: woodwork
boisson énergétique: energy drink
boite de conserve: tin
bol: bowl
Bolivie: Bolivia
bon: good
bonbon: candy
bonjour: hello
bonne affaire: bargain
bonne journée: good day
bonnet: knit cap
bonnet de bain: swim cap
bonnet de douche: shower cap
bore: boron
Bosnie: Bosnia
Botswana: Botswana
bottes en caoutchouc: wellington boots
bouche: mouth
bouche d'incendie: hydrant
boucher: butcher
bouchon d'oreille: earplug
boucle d'oreille: earring
bouclé: curly
bougie: candle
bouilli: boiled
bouillir: to boil
bouilloire: kettle

bouillotte: hot-water bottle
bouleau: birch
boule de bowling: bowling ball
boulette de pâte: dumpling
boulette de viande: meatball
bourdon: bumblebee
bourse: scholarship
bourse des valeurs: stock exchange
boussole: compass
bouteille: bottle
bouteille d'eau: water bottle
bouton: button
bouton d'or: buttercup
bouée de sauvetage: life buoy
bowling: bowling
boxe: boxing
boîte aux lettres: mailbox
boîte de nuit: night club
boîte de Pétri: Petri dish
boîte de réception: inbox
bracelet: bracelet
branche: branch
brandy: brandy
bras: arm
breakdance: breakdance
bridge: bridge
brillant à lèvres: lip gloss
brique: brick
briquet: lighter
broche: brooch
brochette: skewer
brochure: leaflet
brocoli: broccoli
brome: bromine
brosse à cheveux: brush
brosse à dents: toothbrush
brosse à toilettes: toilet brush
brouette: wheelbarrow
brouillard: fog
brownie: brownie
brumeux: foggy
brun: brunette
Brunei: Brunei
brut: raw
bruyant: loud
Brésil: Brazil
brûler: to burn
brûlure: burn
buffet: buffet
buffle: buffalo
buisson: bush
Bulgarie: Bulgaria
bulletin d'information: newsletter
bureau: office
bureau de poste: post office
burger: burger
Burkina-Faso: Burkina Faso
Burundi: Burundi

bus: bus
but: goal
bâton de ski: ski pole
bébé: baby
Bénin: Benin
béquille: crutch
béryllium: beryllium
béton: concrete
bétonnière: cement mixer
bœuf: beef

C

cabane dans l'arbre: tree house
cabine: cabin
cabine de pilotage: cockpit
cabinet: workroom
cacahuète: peanut
cacher: to hide
cactus: cactus
cadavre: corpse
cadeau: present
cadmium: cadmium
cadre photo: picture frame
cafetière: coffee machine
café: coffee
café glacé: iced coffee
cahier: notebook
caisse: cash register
caisse claire: snare drum
caissier: cashier
calamar: squid
calcaire: limestone
calcite: calcite
calcium: calcium
calculer: to calculate
calendrier: calendar
californium: californium
calme: quiet
Cambodge: Cambodia
cameraman: camera operator
Cameroun: Cameroon
camion: lorry
camion-grue: crane truck
camion de pompiers: fire truck
camping: camping
caméléon: chameleon
caméra de sécurité: security camera
caméscope: camcorder
Canada: Canada
canapé: sofa
canard: duck
canard laqué: Beijing duck
cancer: cancer
canneberge: cranberry
cannelle: cinnamon
canne à sucre: sugar cane

canot de sauvetage: lifeboat
canoë: canoe
canoë-kayak: canoeing
cantine: canteen
canyon: canyon
Cap-Vert: Cape Verde
capitaine: captain
capital: capital
capot: bonnet
cappuccino: cappuccino
capsule: capsule
caractère: character
caramel: caramel
caravane: caravan
carbone: carbon
cardigan: cardigan
cardiologie: cardiology
caricature: caricature
carie: caries
carotte: carrot
carreau: tile
carrousel: carousel
carré: square
cartable: schoolbag
carte: map
carte de crédit: credit card
carte de visite: business card
carte postale: postcard
cartilage: cartilage
cascade: waterfall
caserne des pompiers: fire station
casino: casino
casque: helmet
casquette: baseball cap
casserole: pot
cathédrale: cathedral
cathéter: catheter
ceinture: belt
ceinture de sécurité: seatbelt
ce mois-ci: this month
cendre: ash
centigrade: centigrade
centimètre: centimeter
centrale hydroélectrique: hydroelectric power station
centrale nucléaire: nuclear power plant
centre commercial: shopping mall
centre de fitness: gym
cercle: circle
cercueil: coffin
cerf: deer
cerise: cherry
certificat de naissance: birth certificate
cerveau: brain
cette: this
cette année: this year
cette semaine: this week
Cha-cha: cha-cha
chagrin d'amour: lovesickness

chaise: chair
chaise longue: deck chair
chaise à bascule: rocking chair
chambre d'enfant: nursery
chambre double: double room
chambre simple: single room
chambre à coucher: bedroom
chameau: camel
champagne: champagne
champ d'éoliennes: wind farm
champignon: mushroom
changement de vitesse: gear shift
chanter: to sing
chanteur: singer
chantier de construction: construction site
chapeau: hat
chapeau de soleil: sun hat
charbon: coal
chariot: shopping cart
chariot élévateur: forklift truck
charpentier: carpenter
chat: chat
chatterton: insulating tape
chaud: warm
chauffage: heating
chauffeur: bus driver
chauffeur de taxi: taxi driver
chauffeur poids lourd: lorry driver
chaussette: sock
chaussons: slippers
chaussons de danse: dancing shoes
chaussures de football: football boots
chaussures de marche: hiking boots
chaussures de sport: trainers
chaussures en cuir: leather shoes
chaussures à talons hauts: high heels
chauve-souris: bat
chaîne: channel
chaîne de montagnes: mountain range
cheeseburger: cheeseburger
chef d'orchestre: conductor
cheminée: chimney
chemise: shirt
chemise de nuit: nightie
chemise polo: polo shirt
chenille: caterpillar
cher: expensive
chercher: to look for
cheval: horse
cheveu: hair
cheville: ankle
chewing-gum: chewing gum
chien: dog
Chili: Chile
chimie: chemistry
chimiste: chemist
Chine: China
chips: chips

chiropracteur: chiropractor
chirurgie: surgery
chirurgien: surgeon
chlore: chlorine
chocolat: chocolate
chocolat chaud: hot chocolate
choisir: to choose
chou: cabbage
chou-fleur: cauliflower
chou-navet: turnip cabbage
choux de Bruxelles: Brussels sprouts
chrome: chromium
chronomètre: stopwatch
chuchoter: to whisper
Chypre: Cyprus
château: castle
chèque: cheque
chèvre: goat
chêne: oak
ciboule: spring onion
ciboulette: chive
cidre: cider
cigare: cigar
cigarette: cigarette
cigogne: stork
cils: eyelashes
ciment: cement
cimetière: cemetery
cinquième étage: fifth floor
cinéma: cinema
cisailles: loppers
ciseaux: scissors
ciseaux à ongles: nail scissors
citer: to quote
citron: lemon
citronnelle: lemongrass
citron vert: lime
citrouille: pumpkin
Cité du Vatican: Vatican City
clarinette: clarinet
classe affaires: business class
classeur: folder
classe économique: economy class
clavicule: collarbone
clavier: keyboard
clef: clef
client: customer
climatiseur: air conditioner
clinique: clinic
clitoris: clitoris
cloche: bell
clou: nail
club de golf: golf club
clé: key
clé de la chambre: room key
clé USB: USB stick
clé à molette: screw wrench
clôture: fence

cobalt: cobalt
coca: coke
coccinelle: ladybird
cochon: pig
cochon d'Inde: guinea pig
cocktail: cocktail
code postal: zip code
code à barres: bar code
coffre: rear trunk
coffre-fort: safe
coiffeur: hairdresser
col: collar
colis: parcel
colle: glue
collecteur solaire: solar panel
collier: necklace
collier de perles: pearl necklace
colline: hill
collège: junior school
collègue: colleague
Colombie: Colombia
colonie: colony
colonne vertébrale: spine
coléoptère: bug
combien ?: how much?
Combien ça coûte ?: How much is this?
combinaison de plongée: wetsuit
combinaison de ski: ski suit
combinaison spatiale: space suit
combiné nordique: Nordic combined
comment: how
commentateur: commentator
comment ça va ?: How are you?
commotion cérébrale: concussion
Comores: Comoros
compagnie aérienne: airline
composé chimique: chemical compound
comptabilité: accounting
comptable: accountant
compte bancaire: bank account
compter: to count
compteur de vitesse: speedometer
comptoir d'enregistrement: check-in desk
comète: comet
comédie: comedy
concert: concert
concombre: cucumber
conducteur: conductor
conducteur de train: train driver
confiture: jam
congélateur: freezer
constructeur: construction worker
consultant: consultant
conteneur: container
contenu: content
continent: continent
contrebasse: double bass
contrôleur aérien: air traffic controller

cool: cool
copernicium: copernicium
copier: to copy
coq: cockerel
coquillage: shell
corbeau: raven
cor d'harmonie: French horn
coriandre: coriander
correct: correct
Corée du Nord: North Korea
Corée du Sud: South Korea
Costa Rica: Costa Rica
costume: suit
coton: cotton
cou: neck
couche-culotte: diaper
coude: elbow
couloir: aisle
coupable: guilty
coup de soleil: sunburn
coupe: cup
coupe-ongles: nail clipper
couper: to cut
courageux: brave
courant: power
courbe: curve
cour de récréation: schoolyard
courgette: courgette
courir: to run
couronne: krone
cours de l'action: share price
course automobile: car racing
course de haies: hurdles
course à pied: running
cours magistrale: lecture
court: short
cousin: cousin
cousine: cousin
couteau: knife
couteau de peintre: putty
couverts: cutlery
couverture: blanket
crabe: crab
cracher: to spit
craie: chalk
crampe: cramp
cratère: crater
cravache: whip
cravate: tie
crayon: pencil
crayon de couleur: coloured pencil
crayon à sourcils: eyebrow pencil
creuser: to dig
cric: jack
cricket: cricket
crier: to shout
criminel: criminal
crise cardiaque: heart attack

Croatie: Croatia
crocodile: crocodile
croissant: croissant
crosse: lacrosse
crosse de hockey: hockey stick
croûte terrestre: earth's crust
crâne: skull
crâne chauve: bald head
crèche: nursery
crème: cream
crème aigre: sour cream
crème anglaise: custard
crème antirides: antiwrinkle cream
crème fouettée: whipped cream
crème glacée: ice cream
crème pour le visage: face cream
crème solaire: sunscreen
crêpe: pancake
Cuba: Cuba
cube: cube
cuillère: spoon
cuillère en bois: wooden spoon
cuire: to cook
cuiseur à riz: rice cooker
cuisine: kitchen
cuisinier: cook
cuisinière: cooker
cuisse: leg
cuivre: copper
culotte: underpants
culturisme: bodybuilding
curium: curium
curling: curling
curry: curry
cutter: utility knife
cyclisme: cycling
cyclisme sur piste: track cycling
cygne: swan
cylindre: cylinder
cymbale: cymbals
câble: cable
céleri: celery
célébrer: to celebrate
cérium: cerium
céréale: cereal
cérémonie de remise de diplômes: graduation ceremony
césarienne: cesarean
césium: caesium
côlon: colon
cône: cone
côte: coast
Côte d'Ivoire: Ivory Coast
cœur: heart

D

d'accord: ok
dames: draughts
Danemark: Denmark
danse: dancing
danse de salon: Ballroom dance
danse latine: Latin dance
danseur: dancer
darmstadium: darmstadtium
date: date
date d'expiration: expiry date
dauphin: dolphin
degré universitaire: degree
demain: tomorrow
demander: to ask
dent: tooth
dentifrice: toothpaste
dentiste: dentist
dermatologie: dermatology
designer: designer
dessert: dessert
dessin: drawing
dessin animé: cartoon
dessous: below
deux-points: colon
deux heures de l'après-midi: two o'clock in the afternoon
deuxième: second
deuxième étage du sous-sol: second basement floor
devoirs: homework
diabète: diabetes
diagonale: diagonal
diamant: diamond
diaphragme: diaphragm
diarrhée: diarrhea
dictionnaire: dictionary
diesel: diesel
difficile: difficult
dimanche: Sunday
dimsum: dim sum
dinde: turkey
dinosaure: dinosaur
dioxyde de carbone: carbon dioxide
diplôme: diploma
directeur: director
directeur général: general manager
disque dur: hard drive
dissolvant: nail varnish remover
distributeur de billets: cash machine
distributeur de tickets: ticket vending machine
distribution: cast
dividende: dividend
division: division
divorce: divorce
DJ: DJ
Djibouti: Djibouti
doctorat: PhD

doigt: finger
dollar: dollar
Dominique: Dominica
dominos: dominoes
donner: to give
dormir: to sleep
dortoir: dorm room
dos: back
dosage: dosage
dossier: folder
douane: customs
douche: shower
doux: soft
dreadlocks: dreadlocks
droit: straight
droite: right
drôle: funny
dubnium: dubnium
duodénum: duodenum
dur: hard
dysprosium: dysprosium
décembre: December
décennie: decade
décharge électrique: electric shock
décimètre: decimeter
défendeur: defendant
défendre: to defend
déjeuner: lunch
déjà: already
dénominateur: denominator
départ: departure
département: department
désert: desert
désolé: sorry
détecteur de fumée: smoke detector
détective: detective
développé-couché: bench press
dîner: dinner
dîner d'affaires: business dinner

E

e-mail: e-mail
eau: water
eau du robinet: tap water
eau gazeuse: soda
eczéma: eczema
effet secondaire: side effect
einsteinium: einsteinium
elle: she
ellipse: ellipse
embouteillage: traffic jam
embrasser: to kiss
embrayage: clutch
embryon: embryo
emploi: job
employeur: employer

employé: employee
empoisonnement: poisoning
empreinte digitale: fingerprint
en-cas: snack
encore: again
encre: ink
endocrinologie: endocrinology
en fait: actually
enfant: child
enfoncer: to hammer
ennuyeux: boring
enseignante à la maternelle: kindergarten teacher
ensemble: together
ensoleillé: sunny
entonnoir: funnel
entrainement en circuit: circuit training
entraîneur: coach
entrepreneur: entrepreneur
entrepôt: warehouse
entrée: starter
enveloppe: envelope
erbium: erbium
escalade: climbing
escalade glaciaire: ice climbing
escaliers: stairs
escargot: snail
escrime: fencing
espace: space
Espagne: Spain
espagnol: Spanish
essai: essay
essence: petrol
essuie-glace: windscreen wiper
Est: east
Est-ce que tu m'aimes ?: Do you love me?
estomac: stomach
Estonie: Estonia
et: and
eucalyptus: eucalyptus
euro: euro
europium: europium
examen: exam
excusez-moi: excuse me
expresso: espresso
extincteur: fire extinguisher
eye-liner: eyeliner

F

facile: easy
facteur: postman
facture: bill
Fahrenheit: Fahrenheit
faible: weak
faire de la pâtisserie: to bake
faire des abdominaux: sit-ups
faire un massage: to give a massage

falaise: cliff
farine: flour
fatigué: tired
faucon: falcon
fausse couche: miscarriage
fauteuil roulant: wheelchair
faux: wrong
fax: fax
femme: woman
feng shui: feng shui
fenouil: fennel
fenêtre: window
fer: iron
ferme: farm
fermer: to close
fermeture éclair: zipper
fermium: fermium
fer à friser: curling iron
fer à lisser: hair straightener
fer à repasser électrique: electric iron
fesses: bottom
feta: feta
feu: fire
feu arrière: rear light
feu avant: front light
feu de camp: campfire
feu de freinage: brake light
feuille: leaf
fiancée: fiancée
fiançailles: engagement
fichier: file
fier: proud
figue: fig
fil: wire
filet: net
fille: girl
film d'horreur: horror movie
fils: son
filtre: filter
Finlande: Finland
fish and chips: fish and chips
fixer: to stare
fièvre: fever
flamant rose: flamingo
flash: flash
fleur: blossom
fleuriste: florist
flexion de jambes: squat
flocons d'avoine: oatmeal
fluide: fluid
fluor: fluorine
flérovium: flerovium
flûte: flute
foie: liver
fond de teint: foundation
fontaine: fountain
football: football
football américain: American football

football australien: Australian football
force: force
formation professionnelle: vocational training
Formule 1: Formula 1
fort: strong
forêt: forest
forêt tropicale: rainforest
fossette: dimple
fou: crazy
foudre: lightning
fougère: fern
four: oven
fourchette: fork
fourche à foin: pitchfork
fourmi: ant
fourmilier: ant-eater
fraction: fraction
fracture: fracture
fraise: strawberry
framboise: raspberry
France: France
francium: francium
français: French
frapper: to hit
frapper avec le pied: to kick
frein: brake
frein à main: hand brake
friperie: second-hand shop
frire: to fry
frissonner: to shiver
frite: French fries
froid: cold
fromage: cheese
front: forehead
fruits de mer: seafood
fruit sec: dried fruit
frères et sœurs: siblings
fumer: to smoke
funérailles: funeral
furieux: angry
fusée: rocket
février: February
fête d'anniversaire: birthday party
fête foraine: fairground
fœtus: foetus

G

Gabon: Gabon
gadolinium: gadolinium
gagner: to earn
galaxie: galaxy
galerie d'art: art gallery
gallium: gallium
Gambie: The Gambia
gant: glove
gant de base-ball: mitt

gant de boxe: boxing glove
garage: garage
garantie: warranty
garde du corps: bodyguard
gare: train station
garçon: boy
gauche: left
gaufre: waffle
gaz: gas
gecko: gecko
gel coiffant: hair gel
gel douche: shower gel
genou: knee
germanium: germanium
geyser: geyser
Ghana: Ghana
gibier: game
Gibraltar: Gibraltar
gilet de sauvetage: life jacket
gin: gin
gingembre: ginger
girafe: giraffe
glace: ice
glacier: glacier
glaïeul: gladiolus
gluten: gluten
gobelet: cup
golf: golf
gombo: okra
gomme: rubber
gomme de fruits: fruit gum
goudron: tar
goulache: goulash
gourmand: greedy
GPS: GPS
graine: seed
gramme: gram
grand: tall
grand-mère: grandmother
grand-père: grandfather
grande sœur: big sister
grand frère: big brother
grandir: to grow
granit: granite
graphite: graphite
gratte-ciel: skyscraper
Grenade: Grenada
grenier: attic
grenouille: frog
grille-pain: toaster
grimper: to climb
grippe: flu
gris: grey
Groenland: Greenland
groseille: currant
grotte: cave
grue: crane
Grèce: Greece

Guatemala: Guatemala
guichet: ticket office
guide touristique: tour guide
guimauve: marshmallow
Guinée: Guinea
Guinée-Bissau: Guinea-Bissau
Guinée Équatoriale: Equatorial Guinea
guitare: guitar
guitare électrique: electric guitar
Guyane: Guyana
guépard: cheetah
guêpe: wasp
gymnastique: gymnastics
gymnastique rythmique: rhythmic gymnastics
gynécologie: gynaecology
gâteau: cake
gâteau au fromage: cheesecake
gâteau d'anniversaire: birthday cake
gâteau de mariage: wedding cake
généraliste: physician
générateur: generator
généreux: generous
géographie: geography
géométrie: geometry
Géorgie: Georgia

H

hache: axe
hafnium: hafnium
haie: hedge
hall d'entrée: lobby
Halloween: Halloween
haltère: dumbbell
haltérophilie: weightlifting
hamburger: hamburger
hamster: hamster
handball: handball
haricot: bean
haricots blancs à la sauce tomate: baked beans
harmonica: harmonica
harpe: harp
hassium: hassium
haut: high
haut-parleur: loudspeaker
hautbois: oboe
hauteur: height
Haïti: Haiti
heavy metal: heavy metal
herbe: grass
heure: hour
heure de pointe: rush hour
heures de visite: visiting hours
heureux: happy
hexagone: hexagon
hibou: owl
hier: yesterday

Himalaya: Himalayas
hippocampe: sea horse
hippopotame: hippo
histoire: history
hiver: winter
hochet: rattle
hockey sur gazon: field hockey
hockey sur glace: ice hockey
holmium: holmium
homard: lobster
homme: man
homéopathie: homoeopathy
Honduras: Honduras
Hong-Kong: Hong Kong
Hongrie: Hungary
horaires: timetable
horloge: clock
hot-dog: hot dog
hot pot: hot pot
hotte: cooker hood
houe: hoe
houppette: powder puff
huile: oil
huile d'arachide: peanut oil
huile d'olive: olive oil
huile de colza: rapeseed oil
huile de maïs: corn oil
huile de tournesol: sunflower oil
humidité: humidity
hydrogène: hydrogen
hydrothérapie: hydrotherapy
hypertension artérielle: high blood pressure
hypnose: hypnosis
hélicoptère: helicopter
hélium: helium
hémisphère nord: northern hemisphere
hémisphère sud: southern hemisphere
hémorroïdes: hemorrhoid
hérisson: hedgehog
héritier: heir
hêtre: beech
hôpital: hospital
hôtel: hotel
hôtesse: stewardess

I

ici: here
icône: icon
idiot: silly
il: he
ils: they
imagerie par résonance magnétique: magnetic resonance imaging
immédiatement: immediately
imperméable: raincoat
imprimante: printer
imprimer: to print

impôt: tax
Inde: India
index: index finger
indium: indium
Indonésie: Indonesia
infection: infection
infirmière: nurse
ingénieur: engineer
inhalateur: inhaler
injuste: unfair
inondation: flood
inquiet: worried
insuline: insulin
intelligent: clever
interrupteur: light switch
intersection: intersection
intestin: intestine
intestin grêle: small intestine
intérêts: interest
investissement: investment
invité: guest
iode: iodine
ion: ion
Irak: Iraq
Iran: Iran
iridium: iridium
iris: iris
Irlande: Ireland
Islande: Iceland
isotope: isotope
Israël: Israel
Italie: Italy
ivre: drunk

J

J'ai besoin de ça: I need this
J'ai un chien: I have a dog
jacquier: jackfruit
jade: jade
Jamaïque: Jamaica
jambon: ham
janvier: January
Japon: Japan
japonais: Japanese
jardin: garden
jardin botanique: botanic garden
jardin d'enfants: kindergarten
jardinier: gardener
jaune: yellow
jaune d'œuf: yolk
jazz: jazz
je: I
jeans: jeans
Je n'aime pas ça: I don't like this
Je ne comprends pas: I don't understand
Je ne sais pas: I don't know

je sais: I know
je suis d'accord: I agree
Je t'aime: I love you
Je t'aime bien: I like you
jeter: to throw
jet ski: jet ski
jetée: pier
jeu de cartes: card game
jeu de fléchettes: darts
jeu de société: board game
jeudi: Thursday
jeune: young
Je veux plus: I want more
Je veux ça: I want this
jive: jive
jonquille: daffodil
Jordanie: Jordan
joue: cheek
jouer: to play
joufflu: chubby
jouir: to enjoy
jour: day
journal: newspaper
journal intime: diary
journaliste: journalist
judo: judo
juge: judge
juillet: July
juin: June
jumeaux: twins
jupe: skirt
Jupiter: Jupiter
jurés: jury
jus d'orange: orange juice
jus de pomme: apple juice
juste: fair
juteux: juicy

K

kangourou: kangaroo
karaté: karate
kart: kart
Kazakhstan: Kazakhstan
kebab: kebab
Kenya: Kenya
kilo: kilogram
Kirghizistan: Kyrgyzstan
Kiribati: Kiribati
kiwi: kiwi
koala: koala
Kosovo: Kosovo
Koweït: Kuwait
krypton: krypton

L

L'or est plus cher que l'argent: Gold is more expensive than silver
laboratoire: laboratory
lac: lake
lacet: lace
laid: ugly
laine: wool
lait: milk
lait de soja: soy milk
lait en poudre: milk powder
laitue: lettuce
lama: llama
lame de rasoir: razor blade
lampe: lamp
lampe de chevet: bedside lamp
lancer de disque: discus throw
lancer de javelot: javelin throw
lancer de marteau: hammer throw
lancer de poids: shot put
langue: tongue
lanthane: lanthanum
Laos: Laos
lapin: rabbit
lard: bacon
large: broad
largeur: width
lasagnes: lasagne
latin: Latin
latitude: latitude
lavabo: basin
lave: lava
lave-vaisselle: dishwasher
laver: to wash
lawrencium: lawrencium
lecteur CD: CD player
lecteur de code barres: bar code scanner
lecteur DVD: DVD player
lecteur MP3: MP3 player
legging: leggings
lent: slow
lentille de contact: contact lens
le plus: most
lequel: which
Lesotho: Lesotho
Lettonie: Latvia
lettre: letter
leur entreprise: their company
levier de vitesse: gear lever
levure chimique: baking powder
levure de boulanger: yeast
leçon: lesson
Liban: Lebanon
libellule: dragonfly
librairie: bookshop
Libye: Libya
Libéria: Liberia

licence: bachelor
Liechtenstein: Liechtenstein
ligne droite: straight line
ligne électrique: power line
lime: file
lime à ongles: nail file
limitation de vitesse: speed limit
limonade: lemonade
limousine: limousine
linge: laundry
lingerie: lingerie
lion: lion
lion de mer: sea lion
liqueur: liqueur
lire: to read
lit: bed
litchi: lychee
lithium: lithium
litre: liter
lit superposé: bunk bed
littérature: literature
Lituanie: Lithuania
livermorium: livermorium
livre: pound
livrer: to deliver
livre sterling: pound
locomotive: locomotive
loi: law
loin: far
long: long
longitude: longitude
losange: rhombus
lotion pour le corps: body lotion
louche: ladle
loup: wolf
lourd: heavy
loutre: otter
lubrifiant: lubricant
luge: luge
lumineux: light
lundi: Monday
lune: moon
lune de miel: honeymoon
lunettes de natation: swim goggles
lunettes de protection: safety glasses
lutte: wrestling
lutécium: lutetium
Luxembourg: Luxembourg
lycée: high school
là: there
lèvre: lip
léger: light
lémur: lemur
léopard: leopard
lézard: lizard

M

Macao: Macao
machine à coudre: sewing machine
machine à laver: washing machine
Macédoine: Macedonia
Madagascar: Madagascar
magasin de jouets: toy shop
magasin de meubles: furniture store
magasin de sport: sports shop
magazine: magazine
magma: magma
magnésium: magnesium
mai: May
maigre: skinny
maillot: swim trunks
maillot de bain: swimsuit
maillot de corps: undershirt
main: hand
maintenant: now
mairie: town hall
mais: but
maison: house
maison de poupées: dollhouse
malade: sick
Malaisie: Malaysia
mal au ventre: stomach ache
Malawi: Malawi
mal de dents: toothache
mal de gorge: sore throat
mal de tête: headache
Maldives: Maldives
Mali: Mali
mallette: briefcase
Malte: Malta
maman: mum
mamelon: nipple
manche: sleeve
manchot: penguin
mandarin: Mandarin
manganèse: manganese
manger: to eat
mangue: mango
mannequin: model
manteau: coat
mante religieuse: praying mantis
manucure: manicure
manuel: textbook
marais: marsh
marathon: marathon
marchand de fruits: fruit merchant
marcher: to walk
marché: market
marché aux poissons: fish market
mardi: Tuesday
marguerite: daisy
mari: husband

mariage: wedding
marier: to marry
marié: groom
mariée: bride
marjolaine: marjoram
marketing: marketing
Maroc: Morocco
mars: March
Mars: Mars
marteau: hammer
martini: martini
mascara: mascara
masque de beauté: face mask
masque de nuit: sleeping mask
masque de plongée: diving mask
massage: massage
masseur: masseur
matelas: mattress
matelas gonflable: air mattress
mathématiques: mathematics
matin: morning
matinée: morning
matraque: baton
Maurice: Mauritius
Mauritanie: Mauritania
mauvais: evil
mauvaise herbe: weed
mayonnaise: mayonnaise
maître de conférences: lecturer
maître nageur: lifeguard
maîtrise: master
maïs: corn
meitnérium: meitnerium
melon cantaloup: sugar melon
membre: member
menacer: to threaten
mendélévium: mendelevium
menottes: handcuff
menthe: mint
menton: chin
menu: menu
mer: sea
merci: thank you
mercredi: Wednesday
Mercure: Mercury
mercure: mercury
mer Méditerranée: Mediterranean Sea
mer Noire: Black Sea
mer Rouge: Red Sea
message vocal: voice message
mesurer: to measure
mettre: to put
Mexique: Mexico
micro-onde: microwave
Micronésie: Micronesia
microscope: microscope
midi: noon
miel: honey

mignon: cute
migraine: migraine
mile: mile
milk-shake: milkshake
millilitre: milliliter
millimètre: millimeter
millénaire: millennium
mince: slim
minerve: neck brace
minibar: minibar
minibus: minibus
ministre: minister
minuit: midnight
minute: minute
miroir: mirror
mixer: mixer
moelle osseuse: bone marrow
moelle épinière: spinal cord
moine: monk
moins: less
mois: month
mois dernier: last month
mois prochain: next month
moissonneuse-batteuse: combine harvester
moka: mocha
Moldavie: Moldova
molybdène: molybdenum
molécule: molecule
Monaco: Monaco
mon chien: my dog
Mongolie: Mongolia
Monopoly: Monopoly
monorail: monorail
monoxyde de carbone: carbon monoxide
montagne: mountain
montagnes russes: roller coaster
montant: amount
montgolfière: hot-air balloon
montre: watch
Montserrat: Montserrat
Monténégro: Montenegro
monument: monument
mordre: to bite
morse: walrus
morsure: bite
mort: death
mosquée: mosque
mot de passe: password
moteur: motor
moto: motorcycle
motocross: motocross
motocyclisme: motorcycle racing
motoneige: snowmobile
mots croisés: crosswords
mouche: fly
mouchoir en papier: tissue
mouette: seagull
mouillé: wet

mourir: to die
mousse à raser: shaving foam
mousson: monsoon
moustique: mosquito
moutarde: mustard
mouton: sheep
Mozambique: Mozambique
mozzarella: mozzarella
muesli: muesli
muet: mute
muffin: muffin
mufti: mufti
multiplication: multiplication
mur: wall
muscle: muscle
musicien: musician
musique classique: classical music
musique folklorique: folk music
musée: museum
myrtille: blueberry
mâchoire: jawbone
mât: mast
mère: mother
mètre: meter
mètre carré: square meter
mètre cube: cubic meter
mètre à ruban: tape measure
mécanicien: mechanic
médaille: medal
médaille d'argent: silver medal
médaille d'or: gold medal
médaille de bronze: bronze medal
médecin: doctor
médecine chinoise: Chinese medicine
méditation: meditation
médius: middle finger
méduse: jellyfish
mélodie: melody
mélèze: larch
mémoire vive (RAM): random access memory (RAM)
métal: metal
métalloïde: non-metal
méthane: methane
métro: subway
métropole: metropolis
météorite: meteorite
mûre: blackberry

N

nachos: nachos
nager: to swim
naissance: birth
Namibie: Namibia
nappe: tablecloth
narine: nostril
natation: swimming

natation synchronisée: synchronized swimming
Nauru: Nauru
nausée: nausea
navette spatiale: space shuttle
navigateur: browser
navire: ship
nectar: nectar
neige: snow
Neptune: Neptune
neptunium: neptunium
nerf: nerve
nettoyer: to clean
ne t'inquiètes pas: don't worry
neurologie: neurology
neutron: neutron
neveu: nephew
nez: nose
Nicaragua: Nicaragua
niche: kennel
nickel: nickel
Niger: Niger
Nigeria: Nigeria
niobium: niobium
Niue: Niue
niveau: spirit level
nièce: niece
nobélium: nobelium
noir: black
noisette: hazelnut
noix: nut
noix de cajou: cashew
noix de coco: coconut
noix de muscade: nutmeg
nombre atomique: atomic number
nombril: belly button
Nord: north
Norvège: Norway
note: note
notre maison: our home
nougat: nougat
nouille: noodle
nouilles instantanées: instant noodles
nouilles sautées: fried noodles
nourrisson: infant
nourriture vendue dans la rue: street food
nous: we
nouveau: new
nouvel an: New Year
Nouvelle-Calédonie: New Caledonia
Nouvelle-Zélande: New Zealand
novembre: November
noyau: pit
noyau de la terre: earth's core
Noël: Christmas
nuage: cloud
nuageux: cloudy
nugget de poulet: chicken nugget
nuit: night

numérateur: numerator
numéro de chambre: room number
numéro de compte: account number
numéro de téléphone: telephone number
nuque: nape
nylon: nylon
négligé: negligee
néodyme: neodymium
néon: neon
Népal: Nepal
nœud papillon: bow tie

O

occupé: busy
octobre: October
octogone: octagon
océan: ocean
océan Atlantique: Atlantic Ocean
océan Indien: Indian Ocean
océan Pacifique: Pacific Ocean
office du tourisme: tourist information
oie: goose
oignon: onion
olive: olive
Oman: Oman
ombre à paupières: eye shadow
omelette: scrambled eggs
omoplate: shoulder blade
once: ounce
oncle: uncle
oncologie: oncology
ongle: fingernail
opale: opal
opticien: optician
opéra: opera
opération: surgery
or: gold
orage: thunderstorm
orange: orange
orchestre: orchestra
ordinateur portable: laptop
oreille: ear
oreiller: pillow
oreillons: mumps
orgue: organ
origami: origami
origan: oregano
orphelin: orphan
orque: killer whale
orteil: toe
orthopédie: orthopaedics
os: bone
osmium: osmium
os nasal: nasal bone
ou: or
Ouest: west

Ouganda: Uganda
ouragan: hurricane
ours: bear
ours polaire: polar bear
ouvrir: to open
Ouzbékistan: Uzbekistan
ovaire: ovary
oviducte: oviduct
ovule: ovum
oxygène: oxygen
où: where
Où sont les toilettes ?: Where is the toilet?

P

pain: bread
paire de collants: pantyhose
paire de lunettes: glasses
paire de lunettes de soleil: sunglasses
Pakistan: Pakistan
Palaos: Palau
Palestine: Palestine
palet: puck
palette: pallet
palladium: palladium
palme: fin
palmier: palm tree
pamplemousse: grapefruit
Panama: Panama
pancréas: pancreas
panda: panda
panda roux: red panda
panier: basket
panier à linge: laundry basket
pansement: plaster
pantalon: trousers
pantalon de survêtement: sweatpants
pantoufles de bain: bathroom slippers
paon: peacock
papa: dad
papaye: papaya
papier toilette: toilet paper
papillon: butterfly
papillon de nuit: moth
Papouasie-Nouvelle-Guinée: Papua New Guinea
paprika: paprika
paquebot de croisière: cruise ship
paquet: package
parachute: parachute
parachutisme: parachuting
paragraphe: paragraph
Paraguay: Paraguay
parallélogramme: rhomboid
parapluie: umbrella
parasol: parasol
parc: park
parc aquatique: water park

parc d'attractions: theme park
parce que: because
parcmètre: parking meter
parc national: national park
pare-brise: windscreen
pare-chocs: bumper
parents: parents
paresseux: lazy
parfum: perfume
parier: to bet
parking: car park
parler: to talk
parmesan: parmesan
paroles: lyrics
partager: to share
parterre de fleurs: flower bed
pas: not
pas cher: cheap
pas de soucis: no worries
passage piétons: pedestrian crossing
passage souterrain: underpass
passeport: passport
passerelle: overpass
passer l'aspirateur: to vacuum
pastel à l'huile: oil pastel
pastèque: water melon
patate douce: sweet potato
pathologie: pathology
patient: patient
patient en consultation externe: outpatient
patinage artistique: figure skating
patinage de vitesse: speed skating
patinage de vitesse sur piste courte: short track
patinage sur glace: ice skating
patinage à roulettes: roller skating
patinoire: ice rink
patins: skates
patrimoine: heritage
paume: palm
pauvre: poor
payer: to pay
pays: country
Pays-Bas: Netherlands
peigne: comb
peignoir de bain: bathrobe
peindre: to paint
peinture: paint
peinture à l'huile: oil paint
pelle: shovel
pelleteuse: excavator
pellicules: dandruff
peluche: cuddly toy
penser: to think
pentathlon moderne: modern pentathlon
pente: slope
percer: to drill
perceuse: drilling machine
perdre: to lose

perdre du poids: to lose weight
perforatrice: hole puncher
perfusion: infusion
perroquet: parrot
perruque: wig
personnel: staff
perte: loss
pesanteur: gravity
petit: short
petit-enfant: grandchild
petit-fils: grandson
petit ami: boyfriend
petit doigt: little finger
petit déjeuner: breakfast
petite-fille: granddaughter
petite amie: girlfriend
petite robe noire: little black dress
petite sœur: little sister
petit frère: little brother
peu: few
peu profond: shallow
phare: lighthouse
pharmacie: pharmacy
pharmacien: pharmacist
Philippines: Philippines
philosophie: philosophy
phoque: seal
phosphore: phosphorus
photo de famille: family picture
photographe: photographer
photographie: picture
physicien: physicist
physiothérapeute: physiotherapist
physiothérapie: physiotherapy
physique: physics
piano: piano
pie: magpie
pied: foot
pieuvre: octopus
pigeon: pigeon
pilates: Pilates
pilote: pilot
pilule: pill
pilule contraceptive: birth control pill
piment: chili
pin: pine
pinceau: brush
pince à linge: peg
pince à épiler: tweezers
pipette: pipette
pique-nique: picnic
piscine: swimming pool
pissenlit: dandelion
pistache: pistachio
piste d'atterrissage: runway
pistolet: gun
pizza: pizza
pièce de monnaie: coin

pièce de théâtre: play
placard: cupboard
place: square
plafond: ceiling
plage: beach
plaie: wound
planche de surf: surfboard
plancher: floor
planche à découper: chopping board
planche à voile: windsurfing
planeur: glider
plante d'intérieur: houseplant
planète: planet
plaque d'égout: manhole cover
plastique: plastic
plat: flat
plate-forme: platform
platine: platinum
plein: full
pleurer: to cry
plomb: lead
plombage: dental filling
plombier: plumber
plongeon: diving
plongeon de falaise: cliff diving
plongée: diving
pluie: rain
plus: more
Pluton: Pluto
plutonium: plutonium
pluvieux: rainy
plâtre: cast
pneu: tyre
poche: pocket
poignet: wrist
poignée de porte: door handle
poing: fist
point: full stop
point-virgule: semicolon
point d'exclamation: exclamation mark
point d'interrogation: question mark
poire: pear
poireau: leek
pois: pea
poisson: fish
poitrine: chest
poivre: pepper
poker: poker
polaroïd: instant camera
police: police
policier: policeman
politicien: politician
politique: politics
polo: polo
Pologne: Poland
polonium: polonium
polyester: polyester
Polynésie française: French Polynesia

pom-pom girl: cheerleader
pomme: apple
pomme de terre: potato
pompe: push-up
pompe à air: air pump
pompier: firefighter
pompiers: firefighters
pont: bridge
pop: pop
pop-corn: popcorn
porc: pork
porcelet: piglet
porridge: porridge
port: harbour
porte: door
porte-avions: aircraft carrier
porte-bloc: clipboard
porte-clés: key chain
porte-conteneurs: container ship
porte-monnaie: purse
porte d'entrée: front door
porte du garage: garage door
portefeuille: portfolio
porte latérale: side door
porter: to carry
Porto Rico: Puerto Rico
portrait: portrait
Portugal: Portugal
poste de police: police station
poste de télévision: TV set
potassium: potassium
pot d'échappement: exhaust pipe
pot de fleur: flower pot
potelé: plump
poterie: pottery
poubelle: recycle bin
pouce: inch
poudre: powder
poudre à laver: washing powder
poule: chicken
poulet: chicken
poulet rôti: roast chicken
pouls: pulse
poumon: lung
poupée: doll
pourboire: tip
pourpre: purple
pourquoi: why
pousser: to push
poussette: pushchair
poussin: chick
poutre en acier: steel beam
poutre en bois: wooden beam
Pouvez-vous m'aider ?: Can you help me?
poêle: pan
praséodyme: praseodymium
premier ministre: prime minister
premier étage: first floor

premier étage du sous-sol: first basement floor
premièr: first
première classe: first class
prendre: to take
prendre du poids: to gain weight
prends soin de toi: take care
presse à cuisses: leg press
pression atmosphérique: air pressure
preuve: evidence
prier: to pray
printemps: spring
prise de courant: power outlet
prise mâle: plug
prison: prison
prix du ticket: fare
procureur: prosecutor
produit anti-moustique: insect repellent
professeur: professor
profit: profit
profond: deep
programmeur: programmer
promenade: promenade
prométhium: promethium
propre: clean
propriétaire: landlord
prospectus: flyer
prostate: prostate
prostituée: prostitute
protactinium: protactinium
prothèses dentaires: dental prostheses
proton: proton
protège-dents: mouthguard
protège-slip: panty liner
protège-tibia: shinpad
province: province
prune: plum
près: close
préface: preface
présentateur: anchor
présentation: presentation
préservatif: condom
président: president
prêt: loan
prêtre: priest
psychanalyse: psychoanalysis
psychiatrie: psychiatry
psychothérapie: psychotherapy
public: audience
publicité: advertisement
pudding: pudding
puis: then
pull: sweater
punk: punk
pupille: pupil
purée: mashed potatoes
puzzle: puzzle
pyjama: pyjamas
pyramide: pyramid

pâle: pale
Pâques: Easter
pâte à tartiner au chocolat: chocolate cream
père: father
péage: toll
pédiatrie: paediatrics
pédicure: pedicure
pélican: pelican
péninsule: peninsula
pénis: penis
Pérou: Peru
pétale: petal
pêche: peach
pêcher: to fish
pêcheur: fisherman
pôle: pole
pôle Nord: North Pole
pôle Sud: South Pole

Q

Qatar: Qatar
quand: when
quartier: district
quartier de pomme de terre: potato wedges
quartier des affaires: central business district (CBD)
quartz: quartz
quatrième: fourth
Quel est ton nom ?: What's your name?
queue: cue
queue de cheval: ponytail
qui: who
quickstep: quickstep
quoi: what

R

rabbin: rabbi
rabot: smoothing plane
racine: root
racine de lotus: lotus root
radar: radar
radiateur: radiator
radio: radio
radiographie: X-ray photograph
radiologie: radiology
radis: radish
radium: radium
radon: radon
rafting: rafting
raide: steep
raisin: grape
raisin sec: raisin
rallye: rally racing
Ramadan: Ramadan

ramen: ramen
ramper: to crawl
randonnée: hiking
rangée: row
rap: rap
rapide: quick
raquette de tennis: tennis racket
rasoir: razor
rasoir électrique: shaver
rassasié: full
rat: rat
rate: spleen
raton laveur: raccoon
rayon: radius
recherche: research
record du monde: world record
rectangle: rectangle
regarder: to watch
reggae: reggae
rein: kidney
religieuse: nun
remise de diplôme: graduation
remorque: trailer
renard: fox
rencontrer: to meet
rendez-vous: appointment
Rentrons à la maison: Let's go home
repasser: to iron
requin: shark
respirateur artificiel: respiratory machine
respirer: to breathe
ressources humaines: human resources
restaurant: restaurant
retraite: retirement
rez de chaussée: ground floor
rhinocéros: rhino
rhodium: rhodium
rhum: rum
rhume: cold
rhume des foins: hay fever
rhénium: rhenium
riche: rich
ride: wrinkle
rideau: curtain
rideau de douche: shower curtain
ring de boxe: boxing ring
rire: to laugh
rivage: shore
rivière: river
riz: rice
riz frit: fried rice
robe: dress
robe de mariée: wedding dress
robinet: tap
robot: robot
rocher: rock
rock: rock
rock' n' roll: rock 'n' roll

roentgenium: roentgenium
roman: novel
romarin: rosemary
rond: round
rond-point: roundabout
rondelle d'oignon frits: onion ring
rose: rose
roseau: reed
rotule: kneecap
rouge: red
rougeole: measles
rouge à lèvres: lipstick
rouleau compresseur: road roller
rouleau de printemps: spring roll
rouleau à peinture: inking roller
rouler: to roll
Roumanie: Romania
route: road
routeur: router
roux: ginger
Royaume-Uni: United Kingdom
ruban adhésif: adhesive tape
rubidium: rubidium
rubis: ruby
ruelle: alley
rue à sens unique: one-way street
rugby: rugby
ruine: ruin
ruisseau: stream
rumba: rumba
Russie: Russia
rutherfordium: rutherfordium
ruthénium: ruthenium
Rwanda: Rwanda
râpe: grater
râteau: rake
règle: ruler
réacteur: engine
réaction chimique: chemical reaction
réalisateur: director
réceptionniste: receptionist
récif de corail: coral reef
réfrigérateur: fridge
région: region
réglisse: liquorice
réparer: to fix
répondre: to answer
République Centrafricaine: Central African Republic
République Dominicaine: Dominican Republic
République du Congo: Republic of the Congo
République démocratique du Congo: Democratic Republic of the Congo
République Tchèque: Czech Republic
réseau: network
réseaux sociaux: social media
réservation: booking
résultat: result
rétroprojecteur: projector
rétroviseur: rear mirror

rétroviseur extérieur: wing mirror
rétrécir: to shrink
réveil: alarm clock
rêver: to dream
rôti de porc: roast pork

S

s'allonger: to lie
s'asseoir: to sit
S'il vous plaît: please
s'évanouir: to faint
sable: sand
sac: bag
sac de couchage: sleeping bag
sac en plastique: plastic bag
sac à dos: backpack
sac à main: handbag
sage: well-behaved
sage-femme: midwife
Sahara: Sahara
saignement de nez: nosebleed
sain: healthy
saint: holy
Saint-Christophe-et-Niévès: Saint Kitts and Nevis
Saint-Marin: San Marino
Saint-Vincent-et-les-Grenadines: Saint Vincent and the Grenadines
Sainte-Lucie: Saint Lucia
saké: sake
salade: salad
salade de fruits: fruit salad
salade de pommes de terre: potato salad
salaire: salary
salami: salami
sale: dirty
salle d'attente: waiting room
salle d'opération: operating theatre
salle de bain: bathroom
salle de lecture: reading room
salle de réunion: meeting room
salle des machines: engine room
salon: living room
salsa: salsa
salut: hi
Salvador: El Salvador
salé: salty
samarium: samarium
samba: samba
samedi: Saturday
Samoa: Samoa
Samoa américaines: American Samoa
sandales: sandals
sandwich: sandwich
sanglant: bloody
Santé: cheers
saphir: sapphire
sardine: sardine

sa robe: her dress
satellite: satellite
Saturne: Saturn
sauce tomate: tomato sauce
saucisse: sausage
saucisse frit: fried sausage
saule: willow
saumon: salmon
sauna: sauna
saut d'obstacles: show jumping
saut en hauteur: high jump
saut en longueur: long jump
sauter: to jump
sauterelle: grasshopper
saut à l'élastique: bungee jumping
saut à la perche: pole vault
saut à ski: ski jumping
savoir: to know
sa voiture: his car
savon: soap
saxophone: saxophone
scalpel: scalpel
scandium: scandium
scanner: scanner
scie: saw
science: science
science-fiction: science fiction
scientifique: scientist
scier: to saw
scie à main: handsaw
scie à moteur: chainsaw
scooter: motor scooter
scorpion: scorpion
scrotum: scrotum
sculpture: sculpting
scène: stage
scénario: script
seaborgium: seaborgium
seau: bucket
se battre: to fight
sec: dry
seconde: second
secourir: to rescue
secrétaire: secretary
se disputer: to argue
se doucher: to take a shower
se détendre: relax
sein: bosom
sel: salt
selle: saddle
semaine: week
semaine dernière: last week
semaine prochaine: next week
semelle: sole
semestre: term
semi-métal: metalloid
sentir: to smell
septembre: September

Serbie: Serbia
se reposer: to rest
seringue: syringe
serpent: snake
serre: greenhouse
serveur: server
service d'urgence: emergency room
service de chambre: room service
service informatique: IT
service juridique: legal department
serviette: towel
serviette de bain: bath towel
serviette hygiénique: sanitary towel
sexe: gender
sexy: sexy
Seychelles: Seychelles
shampooing: shampoo
short: shorts
si: if
Sierra Leone: Sierra Leone
signal: signal
signature: signature
silencieux: silent
silicium: silicon
Singapour: Singapore
singe: monkey
sinueux: twisting
sirop contre la toux: cough syrup
sirop d'érable: maple syrup
sirène: siren
site internet: website
siècle: century
siège: seat
siège avant: front seat
siège d'enfant: child seat
skateboard: skateboarding
skeleton: skeleton
ski: ski
ski acrobatique: freestyle skiing
ski de fond: cross-country skiing
ski nautique: waterskiing
slip: panties
Slovaquie: Slovakia
Slovénie: Slovenia
smartphone: smartphone
smoothie: smoothie
snooker: snooker
snowboard: snowboarding
sobre: sober
sodium: sodium
soie: silk
soins intensifs: intensive care unit
soirée: evening
soja: soy
soldat: soldier
soleil: sunshine
solide: solid
solitaire: lonely

Somalie: Somalia
sombre: dark
sommaire: table of contents
somnifère: sleeping pill
sortie de secours: emergency exit
soudainement: suddenly
Soudan: Sudan
Soudan du Sud: South Sudan
soufre: sulphur
soulever: to lift
souligné: underscore
soupe: soup
sourcil: eyebrow
sourd: deaf
sourire: to smile
souris: mouse
sous-marin: submarine
sous-sol: basement
sous-vêtement thermique: thermal underwear
soustraction: subtraction
soutien-gorge: bra
soutien-gorge de sport: jogging bra
souvenir: souvenir
souvent: often
spaghettis: spaghetti
sperme: sperm
sphère: sphere
spray nasal: nasal spray
sprint: sprint
squelette: skeleton
Sri Lanka: Sri Lanka
stade de football: football stadium
stagiaire: intern
station d'épuration: sewage plant
station de lavage: car wash
station de ski: ski resort
station essence: petrol station
station spatiale: space station
steak: steak
sternum: breastbone
store: blind
stress: stress
strict: strict
string: thong
strontium: strontium
structure chimique: chemical structure
stupide: stupid
stylo: pen
stylo à bille: ball pen
stéthoscope: stethoscope
sucre: sugar
sucre glace: icing sugar
sucre granulé: granulated sugar
sucre vanillé: vanilla sugar
sucré: sweet
Sud: south
Sudoku: Sudoku
Suisse: Switzerland

suivre: to follow
supermarché: supermarket
supérieur: manager
surf: surfing
suricate: meerkat
Suriname: Suriname
surpris: surprised
survêtement: tracksuit
sushi: sushi
suspect: suspect
suture: suture
Suède: Sweden
Swaziland: Swaziland
symphonie: symphony
synagogue: synagogue
Syrie: Syria
São Tomé-et-Príncipe: São Tomé and Príncipe
sèche-cheveux: hairdryer
sécher: to dry
sélénium: selenium
Sénégal: Senegal
série télé: TV series
sûr: safe
s'entraîner: to practice

T

t-shirt: T-shirt
tabac: tobacco
table: table
tableau d'affichages: bulletin board
tableau de bord: dashboard
tableau de conférence: flip chart
tableau noir: blackboard
tableau périodique: periodic table
table basse: coffee table
table de billard: snooker table
table de nuit: night table
table de ping-pong: table tennis table
table à repasser: ironing table
tabouret: stool
taches de rousseur: freckles
Tadjikistan: Tajikistan
taekwondo: taekwondo
taille: dress size
taille-crayon: pencil sharpener
tailleur: tailor
talkie-walkie: walkie-talkie
talon: heel
tambourin: tambourine
tampon: tampon
tandem: tandem
tangente: tangent
tango: tango
tank: tank
tantale: tantalum
tante: aunt

Tanzanie: Tanzania
tapir: tapir
tapis: carpet
tapis de course: treadmill
tarentule: tarantula
tarte: pie
tarte aux pommes: apple pie
tasse: cup
tatouage: tattoo
taureau: bull
taxi: taxi
Taïwan: Taiwan
Tchad: Chad
technétium: technetium
teint: dyed
tellure: tellurium
tempe: temple
temple: temple
température: temperature
tempête: storm
tenailles: pincers
tendon: tendon
tendon d'Achille: Achilles tendon
tennis: tennis
tennis de table: table tennis
tente: tent
tenue de soirée: evening dress
tequila: tequila
terbium: terbium
termite: termite
terrain de camping: camping site
terrain de golf: golf course
terrain de sport: sports ground
terrain de tennis: tennis court
terrasse: terrace
terre: earth
territoire: territory
testament: testament
test de grossesse: pregnancy test
testicule: testicle
Tetris: Tetris
texte: text
texto: text message
thallium: thallium
Thanksgiving: Thanksgiving
Thaïlande: Thailand
thermomètre: fever thermometer
thermos: thermos jug
thon: tuna
thorium: thorium
thriller: thriller
thulium: thulium
thym: thyme
thèse: thesis
thé: tea
thé au lait: milk tea
théière: teapot
thé noir: black tea

théorie de la relativité: theory of relativity
thérapie comportementale: behaviour therapy
thérapie de groupe: group therapy
thérapie familiale: family therapy
thé vert: green tea
théâtre: theatre
ticket: ticket
tige: stalk
tigre: tiger
timbale: kettledrum
timbre: rubber stamp
timide: shy
Timor oriental: East Timor
tir: shooting
tire-bouchon: corkscrew
tirer: to pull
tiroir: drawer
tir à l'arc: archery
tissu: fabric
titane: titanium
titre: heading
toboggan: slide
toboggan aquatique: water slide
tofu: tofu
Togo: Togo
toilettes: toilet
toit: roof
tomate: tomato
tombe: grave
tomber: to fall
tomodensitométrie: CT scanner
tondeuse à gazon: lawn mower
Tonga: Tonga
tongs: flip-flops
tonique pour le visage: facial toner
tonne: ton
tonnerre: thunder
torche: torch
tornade: tornado
tortue: tortoise
tortue marine: turtle
toucher: to touch
toujours: always
tour de contrôle: control tower
tourne-disque: record player
tournesol: sunflower
tournevis: screwdriver
tourne à droite: turn right
tourne à gauche: turn left
tous: every
tout le monde: everybody
toux: cough
trachée: windpipe
tracteur: tractor
train: train
train de marchandise: freight train
train à grande vitesse (TGV): high-speed train
train à vapeur: steam train

trait d'union: hyphen
tram: tram
trampoline: trampoline
trapèze: trapezoid
travailler: to work
traversier: ferry
traîneau: sledge
tremblement de terre: earthquake
triangle: triangle
triathlon: triathlon
tribunal: court
Trinité-et-Tobago: Trinidad and Tobago
triple saut: triple jump
triplés: triplets
triste: sad
troisième: third
trois quarts d'heure: three quarters of an hour
trombone: paperclip
trompette: trumpet
tronc: trunk
tropiques: tropics
trottoir: pavement
trou de serrure: keyhole
trou noir: black hole
trousse: pencil case
trouver: to find
truffe: truffle
trèfle: clover
très: very
trépied: tripod
tsunami: tidal wave
tu: you
tuba: tuba
tuer: to kill
tuile: roof tile
tulipe: tulip
Tu me manques: I miss you
tungstène: tungsten
Tunisie: Tunisia
Turkménistan: Turkmenistan
Turquie: Turkey
Tuvalu: Tuvalu
tuyau d'arrosage: hose
typhon: typhoon
télescope: telescope
télé: TV
télécommande: remote control
téléphone: telephone
téléphone portable: mobile phone
téléphoner à: to call
téléphérique: cable car
témoin: witness
témoin lumineux: warning light
tétine: soother
tête: head

U

Ukraine: Ukraine
ukulélé: ukulele
une demi-heure: half an hour
une heure du matin: one o'clock in the morning
uniforme: uniform
uniforme scolaire: school uniform
unité centrale: central processing unit (CPU)
université: university
un quart d'heure: quarter of an hour
uranium: uranium
Uranus: Uranus
urgence: emergency
URL: url
urne: urn
urologie: urology
Uruguay: Uruguay
usine: factory
utérus: womb

V

vache: cow
vagin: vagina
valise: luggage
vallée: valley
valse: waltz
valse viennoise: Viennese waltz
vanadium: vanadium
vanille: vanilla
Vanuatu: Vanuatu
varicelle: chickenpox
vase: vase
Va tout droit: go straight
veau: veal
vecteur: vector
veine: vein
vendeur: shop assistant
vendre: to sell
vendredi: Friday
Venezuela: Venezuela
venir: to come
vent: wind
ventes: sales
venteux: windy
ventilateur: fan
ventre: belly
vernis: varnish
vernis à ongles: nail polish
verre: glass
verrouiller: to lock
vert: green
vertèbre: vertebra
vessie: bladder
veste: jacket

vestiaire: changing room
veuf: widower
veuve: widow
viande: meat
viande grasse: fat meat
viande hachée: minced meat
viande maigre: lean meat
vide: empty
Viens avec moi: Come with me
vieux: old
village: village
vin: wine
vinaigre: vinegar
vin blanc: white wine
vin pétillant: sparkling wine
vin rouge: red wine
violon: violin
violoncelle: cello
virement bancaire: bank transfer
virgule: comma
virus: virus
visa: visa
visiteur: visitor
vitamine: vitamin
vivre: to live
Viêt-Nam: Vietnam
vodka: vodka
voie ferrée: railtrack
voie Lactée: Milky Way
voile: sail
voilier: sailing boat
voisin: neighbour
voiture: car
voiture de collection: classic car
voiture de police: police car
volant: shuttlecock
volcan: volcano
voler: to fly
voleur: thief
volleyball: volleyball
volt: volt
volume: volume
vomir: to vomit
voter: to vote
votre chat: your cat
votre équipe: your team
vous: you
voyage d'affaires: business trip
voyager: to travel
vraiment: really
vélo: bicycle
vélo de course: racing bicycle
vélo elliptique: cross trainer
vélo ergomètre: exercise bike
vélo tout-terrain: mountain biking
Vénus: Venus
vésicule biliaire: gall bladder
vétérinaire: vet

W

water-polo: water polo
watt: watt
webcam: webcam
western: western film
whisky: whiskey

X

xylophone: xylophone
xénon: xenon

Y

yacht: yacht
yaourt: yoghurt
yard: yard
yen: yen
yoga: yoga
ytterbium: ytterbium
yttrium: yttrium
yuan: yuan
Yémen: Yemen

Z

Zambie: Zambia
Zimbabwe: Zimbabwe
zinc: zinc
zirconium: zirconium
zone industrielle: industrial district
zone piétonne: pedestrian area
zoo: zoo
zèbre: zebra

@

Ça n'a pas d'importance: doesn't matter
Ça va?: Are you ok?
Égypte: Egypt
Émirats Arabes Unis: United Arab Emirates
Équateur: Ecuador
Érythrée: Eritrea
États-Unis d'Amérique: The United States of America
Éthiopie: Ethiopia
Îles Caïmans: Cayman Islands
Îles Cook: Cook Islands
Îles Fidji: Fiji
Îles Féroé: Faroe Islands
Îles Malouines: Falkland Islands
Îles Marshall: Marshall Islands

Îles Salomon: Solomon Islands
à côté de: beside
à l'extérieur: outside
à l'intérieur: inside
à plus tard: see you later
âne: donkey
ça: that
échafaudage: scaffolding
écharpe: scarf
échauffement: warm-up
échecs: chess
échelle: ladder
échouer: to fail
éclairage public: street light
éclipse lunaire: lunar eclipse
éclipse solaire: solar eclipse
école: school
école de commerce: business school
école primaire: primary school
économie: economics
écouter: to listen
écouteur: earphone
écran: screen
écran plat: flat screen
écrire: to write
écureuil: squirrel
éditeur: publisher
éducation physique: physical education
église: church
élan: elk
élastique: rubber band
élastique à cheveux: scrunchy
électricien: electrician
électron: electron
éléphant: elephant
énorme: huge
épargne: savings
épaule: shoulder
épicé: hot
épilepsie: epilepsy
épinards: spinach
épisiotomie: episiotomy
épluchure: peel
éponge: sponge
équateur: equator
équation: equation
érable: maple
éruption cutanée: rash
étagère: shelf
étagère à livres: bookshelf
étain: tin
étang: pond
état: state
éteindre: to turn off
étirement: stretching
étoile: star
étoile de mer: starfish
étrange: strange

étroit: narrow
étudier: to study
été: summer
évier: sink
être debout: to stand
île: island
œil: eye
œsophage: oesophagus
œuf: egg
œuf à la coque: boiled egg

Made in United States
Troutdale, OR
10/14/2024